Andrea Erkert

Liebe Schnecke, komm heraus!

Spiele und Anregungen zur Förderung des Selbstwertgefühls und des sozialen Verhaltens

Illustrationen: Vanessa Paulzen

Ökotopia Verlag Münster

Impressum

Autorin: Andrea Erkert

Illustrationen: Vanessa Paulzen

Satz: Studio Bandur, Idstein-Wörsdorf

Herausgeber: BBS – Buchwerk Bernhard Schön, Idstein

2 3 4 5 6 7 8 · 07 06 05 04 03 02 01

Dieses Buch wurde auf garantiert chlorfreiem, umweltfreundlichem Papier gedruckt. Im Bleichprozeß wird statt Chlor Wasserstoffperoxid eingesetzt. Dadurch entstehen keine hochtoxischen CKW(Chlorkohlenwasserstoff-)haltigen Abwässer.

CIP-Titelaufnahme der Deutschen Bibliothek:

Liebe Schnecke, komm heraus! : Spiele und Anregungen zur Förderung des Selbstwertgefühls und des sozialen Verhaltens / Hrsg: BBS-Buchwerk Bernhard Schön. Andrea Erkert. Ill. Vanessa Paulzen. - Münster : Ökotopia-Verl., 2000

ISBN 3–931902–58–7

Inhalt

Vorwort

Beobachten wir eine Kindergruppe beim Spielen, dann haben wir in der Regel zunächst den Eindruck, dass die meisten Kinder eher zu viel als zu wenig Selbstbewusstsein hätten und fast schon rücksichtslos miteinander umgingen. Dieser erste Eindruck ist allerdings oft trügerisch. Schauen wir genauer hin, dann erkennen wir, dass ein gesundes Selbstbewusstsein nichts mit überheblichem Imponiergehabe oder der Ausübung von physischer und psychischer Gewalt zu tun hat.

Wie aber lassen sich Selbstwertgefühl und soziales Verhalten der Kinder stärken?
Woran erkennt man, ob Kinder selbstsicher und stark sind?
Warum reagieren manche Kinder zurückhaltend und andere wiederum aggressiv?
Wie werden Außenseiter und Einzelgänger in die Gruppe integriert?
Wie entsteht ein vertrauensvolles und partnerschaftliches Miteinander in der Gruppe?

Um diese Fragen ausführlich beantworten zu können, habe ich in diesem Buch viele praktische Übungen und Spiele zusammengestellt, bei denen Kinder lernen sich anzunehmen und sich mehr zuzutrauen. Kinder, die sich selbst wertschätzen und Vertrauen in ihre Fähigkeiten haben, geraten seltener in irgendeine Form von Abhängigkeit. Es gibt ausreichend abgesicherte wissenschaftliche Daten und viele praktische Erfahrungen darüber, dass die Wurzeln für späteres Suchtverhalten und Gewaltbereitschaft oft in der frühen Kindheit zu suchen sind. Ich habe die Hoffnung (und einiges an Erfahrung), dass die Anregungen auf den folgenden Seiten die Kinder in ihrer Persönlichkeitsentwicklung unterstützen, sie „stark“ und unabhängig machen werden.

Denken Sie daran, dass für einen erfolgreichen Einsatz der Übungen und Spiele die Kinder den nötigen Freiraum brauchen, um sich selbst ausprobieren und ihre individuellen Erfahrungswerte sammeln zu können. Ich weiß aus meiner täglichen Arbeit mit Kindern, dass es manchmal schwer fällt nicht einzugreifen, wenn ich doch glaube, eigentlich besser zu wissen, was den Kindern jetzt gut tun würde. Aber unsere Aufgabe als PädagogInnen und Eltern besteht gerade darin, den Kindern einerseits eine verlässliche Stütze zu sein und ihnen andererseits genügend Freiraum zu geben, sie los zu lassen.

Alle Übungen und Spiele wurden mit Vor- und Grundschülern erprobt. Dennoch sind die Altersangaben vor den Übungen und Spielen lediglich eine Orientierungshilfe. Sie wissen ja aus eigener Erfahrung, dass bei der Auswahl von Übungen und Spielen nicht das Alter, sondern der Entwicklungsstand der Kinder entscheidend ist.
Die Übungen und Spielen in diesem Buch können jederzeit mit einfachen Mitteln in der Familie, in Kindertagesstätten, in Förder-, Sonder- und Grundschulklassen eingesetzt werden. Darüber hinaus sind sie auch für die Suchtpräventionsarbeit mit Kindern geeignet.

Gehen Sie gemeinsam mit den Kindern auf Entdeckungsreise. Dabei zeigen sich vielleicht überraschende Fähigkeiten, die Sie bisher noch nicht bewusst wahrgenommen haben – auch nicht wahrnehmen konnten, weil sie erst durch den spielerischen Umgang mit der eigenen Person und den Anderen zum Vorschein gekommen sind.

Dabei wünsche ich Ihnen und den Kindern viel Vergnügen.

Ihre

Andrea Erkert

Im „Schneckenhäuschen“

Kinder differenziert wahrnehmen lernen

Geringes Selbstwertgefühl und wenig entwickeltes soziales Verhalten sind in der Regel mit unangenehmen Gefühlszuständen verbunden. Die betroffenen Kinder haben Angst in bestimmten Situationen zu versagen und fühlen sich meistens in der Gruppe zu wenig akzeptiert oder ausgeschlossen. Diese innere Bedrohung drücken die Kinder auch in ihrem Auftreten auf. Sie verkriechen sich entweder in ihr „Schneckenhäuschen“ oder nehmen eine aggressive Haltung ein. Häufig spielen solche Kinder für sich alleine oder sie suchen den Kontakt zu ruhigeren und jüngeren Spielgefährten, denen sie überlegen sind.

Auch Sympthome wie Unruhe, Konzentrationsschwäche, Schweißausbrüche, Nägelkauen, Einnässen, Haaredrehen, Daumenlutschen, Sprachstörungen, Appetit- und Schlaflosigkeit sind zu beobachten. Kinder, die unter Versagensängsten leiden, vermeiden dann gemeinsame Aktivitäten, oder machen höchstens ein- oder zweimal mit. Danach geben sie der Gruppe zu verstehen, dass sie das Spiel viel zu blöd finden. Durch diese selbst gewählte Isolierung fehlen ihnen für ihre Persönlichkeitsentwicklung grundlegende Erfahrungen in der Gruppe. Darunter leiden die Kinder in der Regel selbst, weil sie im Grunde genommen anerkannt und geliebt werden wollen.

Um die Kinder richtig einschätzen zu können, dürfen wir nicht nur einzelne Situationen herausziehen. Nicht jede Verweigerung bedeutet, dass die Kinder tiefgreifende Probleme haben; manchmal sind Lustlosigkeit, Passivität und innere Gereiztheit auch auf ganz andere Ursachen zurückzuführen: eine beginnende Kinderkrankheit, zu wenig Schlaf, einen Streit mit Geschwistern oder Freunden, Auseinandersetzungen mit den Eltern, körperliche Entwicklungen ...

Für eine genauere Einschätzung sollten wir die Kinder sorgfältig beobachten und mit den KollegInnen (im Kindergarten / in der Schule) oder dem Partner oder Freundinnen (als Elternteil) darüber reden: Ziehe ich aus meinen Beobachtungen die richtigen Schlüsse? Habe ich die Situation überhaupt richtig beobachtet? Ist das Verhalten des Kindes vielleicht auch ganz anders zu interpretieren? Welche Anteile von mir selbst gehen in eine Interpretation ein? Sicher wird sich in einer Kindergruppe oder im hektischen Alltag mit Hausarbeit und Geschwistern nicht immer die Gelegenheit ergeben, sich auf ein einzelnes Kind ausreichend einzulassen. Deshalb sollten Sie Eindrücke und Beobachtungen über einen längeren Zeitraum hinweg sammeln und Ihre Erkenntnisse aufschreiben.

Fachkräfte können Beobachtungsbögen nutzen, auf denen u. a. die Sprache, die Motorik, das Sozial- und Spielverhalten der Kinder festgehalten werden. Meistens werden die Kinder über mehrere Tage oder Wochen zu einer bestimmten Uhrzeit beobachtet. Um exakt feststellen zu können, wie häufig ein Kind sich in bestimmten Bereichen (beispielsweise der Bau- oder Puppenecke) aufhält, müssen wir eine Tabelle mit den „Funktionsbereichen“ anfertigen. Danach wird das Kind täglich ca. zwölf Minuten zu einer bestimmten Uhrzeit beobachtet und der Bereich angekreuzt, in dem sich das Kind gerade aufhält.

Möchten wir mehr über die Beziehungen der Kinder untereinander erfahren, dann bietet sich ein Soziogramm an. Dazu werden die Namen der Kinder im Kreis nacheinander aufgeschrieben. Bei der Beobachtung wird jede sprachliche und körperliche Kontaktaufnahme eines Kindes durch einen Pfeil zum anderen Kind hin dargestellt. Für die Beobachtung nur eines Kindes eignet sich eine Namensliste der Gruppe. Bei jeder Kontaktaufnahme wird dann hinter dem betreffenden Namen ein Strich gemacht. Aussagen der Kinder sollten Sie möglichst genau und ohne Ihre Kommentare protokollieren. Natürlich können Sie sich auch Unterstützung von weiteren BeobachterInnen organisieren, bespielsweise wenn Sie eine Praktikantin in der Kindergruppe haben. Über eines müssen Sie sich klar sein: Bei allen Beobachtungen erfahren Sie grundsätzlich nur etwas über die Verhaltensweisen der Kinder. Über die Gefühle und die Bedürfnisse, welche den Verhaltensweisen zu Grunde liegen, können Sie nur Vermutungen anstellen. Deshalb müssen wir die Kinder, deren Verhaltensweisen wir beurteilen wollen, sehr gut kennen.

Mögliche Ursachen für geringes Selbstwertgefühl

„Ängste machen Kinder stark" titelt der Autor pädagogischer Bestseller, Jan-Uwe Rogge, auf einem seiner Bücher. Er warnt davor, dass Eltern und ErzieherInnen die geäußerten Ängste von Kindern wegreden wollen, indem sie etwa vermeintlich tröstend sagen: „Du musst doch keine Angst haben." Oder die Angst klein machen: „Das ist doch nicht so schlimm!" oder „Stell dich nicht so an!". Es gibt nämlich kein Leben ohne Angst. Ja Ängste sind geradezu überlebensnotwendig, um sich nicht blind in jede überfordernde Situation zu begeben. Und wenn – so Rogge weiter – ein Kind gelernt hat, wie es die Angst bewältigen kann, dann machen Ängste Kinder sogar stark.

Die Gründe dafür, dass sich manche Kinder unsicher fühlen, können mit Umstellungen im Körper zu tun haben, die das Kind noch nicht richtig begreift. Kinder können fremdeln, sich in einer neuen Umgebung unsicher fühlen, von der sie vielleicht überfordert sind oder auch Katastrophenberichte aus den Medien nicht verarbeiten.

Im Gegensatz dazu entsteht das Gefühl zu versagen meistens erst im Laufe der Zeit. Dabei können negative Erfahrungen in ähnlichen Situationen wieder aktiviert werden und sich dann verselbständigen, nach dem Motto: Weil ich damals bei der „Reise nach Jerusalem" immer verloren habe, werde ich in allen anderen Gruppenspielen genauso versagen.

Solche Ängste müssen wieder verlernt werden. Zum Beispiel so, dass die Kinder ähnliche Situationen unterscheiden lernen und ganz konkret die Erfahrung machen, dass die Ängste geringer werden und schließlich vergehen.

Ein weiterer Grund für mangelndes Selbstbewusstsein liegt an schlechten Vorbildern. Kinder, die Gewalt in der Familie erleben, tendieren als Erwachsene dazu selbst zu schlagen. Kinder, deren Bezugspersonen übertrieben ängstlich reagieren, können wenig Vertrauen in ihre Fähigkeiten entwickeln – etwa wenn sie deren Ängste vor Hunden übernehmen, ohne die Chance, ihre eigenen Erfahrungen – unter liebevoller Anleitung, versteht sich – machen zu können.

Kinder eifern gerne geliebten Menschen nach. Umso wichtiger ist es, ihnen ein angemessenes Vorbild zu sein. Oder zumindest Situationen zu schaffen, in denen andere Bezugspersonen dem Kind neue Erfahrungen ermöglichen.

Auch familiäre Probleme können die Kinder belasten. Arbeitslosigkeit der Eltern, oder eine Scheidung bewirken Angst, Verunsicherung und Ratlosigkeit.

Häufig geben sich Kinder selbst die Schuld an der Trennung und zeigen regressive Verhaltensweisen. Trauer, Wut, Verlustängste oder Schuldgefühle helfen den Kindern dann, ihre Probleme gefühlsmäßig zu verarbeiten. Sind solche Verhaltensweisen aber über einen längeren Zeitraum zu beobachten, sollte professionelle Hilfe gesucht werden.
Kinder können kein Selbstwertgefühl entwickeln, wenn sie in der einen oder anderen Form physische und psychische Misshandlung erfahren.
Auch Schulangst aufgrund von Bedrohungen durch ältere MitschülerInnen ist leider keine Seltenheit. Die negativen Erfahrungen, die vor allem Jungen damit machen, können dauerhaft das Selbstwertgefühl gering halten.
Extreme Reizarmut oder Reizüberflutung üben ebenfalls negativen Einfluss aus. Zu wenig „Nahrung“ für die Sinne kann genauso für die Entwicklung schädlich sein wie zu viel Zeit vor dem Fernsehgerät oder dem Computer, ohne die Möglichkeit, die vielen Anregungen auch mit anderen Kindern oder den Eltern zu besprechen und zu verarbeiten.
Ob und welche individuellen Entfaltungsmöglichkeiten und Erlebnisse die Kinder haben, hängt entscheidend auch vom Erziehungsstil der Eltern und PädagogInnen ab. So trauen sich Kinder mehr zu, wenn sie Lob und Anerkennung und bedingungslosen Rückhalt der Erwachsenen erfahren.

Die Bedeutung der Kindergarten- und Schulzeit

Das Selbstvertrauen der Kinder wird in den ersten drei Lebensjahren hauptsächlich durch die Erfahrungen und Erlebnisse in der Familie beeinflusst. Wer zu Hause einen überbehütenden oder autoritären Erziehungsstil erlebt hat, ist oft unsicher und zeigt geringes Selbstwertgefühl. Dagegen ist eine Erziehung, die das Kind in seinen Fähigkeiten akzeptiert, Kontakte außerhalb der Familie zulässt und dem Kind unter Berücksichtigung seines individuellen Entwicklungsstands Freiräume für Eigeninitativen ermöglicht, das Fundament für ein gesundes Selbstvertrauen.
Spätestens mit dem Eintritt in den Kindergarten müssen die Kinder zum ersten Mal den behüteten Rahmen ihrer Familie verlassen. Auf ihren Weg zur Selbständigkeit werden sie von erfahrenen ErzieherInnen begleitet. Nach vier Wochen sind die meisten Umstellungsschwierigkeiten überwunden. Die Kinder kennen sich untereinander, wissen, wer ihre Bezugspersonen sind und haben ihren Platz in der Gruppe gefunden. Allmählich lernen

sie Regeln einzuhalten, teilen zu müssen, Konflikte zu lösen und füreinander da zu sein. Dabei orientieren sich die Kinder auch an anderen Kindern, lernen im Probehandeln verschiedene Möglichkeiten des sozialen Miteinander kennen und ihre eigenen Fähigkeiten besser einzuschätzen und machen meistens auch die Erfahrung, dass sie Erfolg haben und bestätigt werden.
Im Laufe der Zeit wird die eine oder andere Freundschaft geschlossen und auch wieder aufgelöst. Gemeinsame Aktionen und Erlebnisse verbinden und lassen in der Gruppe ein Wir-Gefühl entstehen. Kinder, die gerne in den Kindergarten kommen, fühlen sich in der Regel mit ihrer Gruppe verbunden und in ihren Fähigkeiten angenommen. Somit ist der Kindergarten ein geeigneter Lernort, um Kontakte zu Gleichaltrigen zu knüpfen und Fähigkeiten zu erproben. Dabei bilden die sozialen Erfahrungen die Basis für das Selbstvertrauen der Kinder.

Kinder, die bisher überwiegend positive Erfahrungen in der Familie und im Kindergarten sammeln konnten, warten meistens sehnsüchtig auf den Schulanfang. Diese positive Erwartungshaltung wird von dem Wunsch geprägt, endlich zu den großen Kindern zu gehören und dann noch selbständiger zu sein.

Um den Kindern einen unbelasteten Übergang zu ermöglichen, arbeiten vielerorts ErzieherInnen und LehrerInnen regelmäßig zusammen. Diese Kooperation ist eine grundlegende Voraussetzung für einen erfolgreichen Schulanfang.
Dabei wird auch die Schulfähigkeit der Kinder, mit Kenntnis und Einverständnis der Eltern, besprochen. Dieser Austausch dient im Wesentlichen dazu, dass Kinder, bei denen Bedenken hinsichtlich der Einschulung bestehen, rechtzeitig gezielte Fördermaßnahmen erhalten um schulischen Misserfolgen, die meistens zu Versagensängsten und zu einer enormen Frustration führen, vorzubeugen.

Ziele der Übungen und Spiele

Werden Eltern und PädagogInnen nach ihren Erziehungszielen gefragt, dann nennen sie fast immer Fertigkeiten und Fähigkeiten, die das Selbstwertgefühl und soziale Verhalten der Kinder fördern sollen.
Neben den alltäglichen Lernerfahrungen, die Kinder in der Familie, auf dem Spielplatz und im Kindergarten machen, bieten die im Buch zusammengestellten Übungen und Spiele zusätzliche Möglichkeiten, um das Selbstvertrauen und soziale Ver-

halten der Kinder gezielt weiter zu entwickeln.

Für die Übungen und Spiele können unter anderem folgende Ziele genannt werden:

- Die Stärken bei sich selbst und bei anderen Personen zu entdecken;
- Fantasie und Kreativität zu entwickeln;
- den eigenen Fähigkeiten vertrauen zu können;
- die Wahrnehmungsfähigkeit zu fördern;
- die Artikulations- und Kommunikationsfähigkeit zu verbessern;
- die eigene Meinung vertreten zu können;
- sich dem Gruppendruck zu widersetzen und „Nein" sagen zu lernen;
- die Körperwahrnehmung und Kontaktaufnahme zu schulen;
- die Grob- und Feinmotorik zu fördern;
- die Raumorientierung zu schulen;
- Schnelligkeit und Geschicklichkeit zu fördern;
- Geborgenheits- und Zugehörigkeitsgefühl in der Gruppe beziehungsweise Klasse zu entwickeln;
- den Gleichgewichtssinn zu stimulieren;
- Gefahren und Hindernisse zu überwinden;
- sich den (neuen) Anforderungen und Aufgaben im Leben selbstbewusst zu stellen;
- das Leben unbeschwerter genießen zu können.

Die Übungen und Spiele müssen für die Kinder überschaubar und nachvollziehbar sein. Aus diesem Grund sollten immer das Alter, der Entwicklungsstand und die Lebenswirklichkeit der Kinder in der Gruppe beziehungsweise Klasse berücksichtigt werden.

Distanz verringern und sich kennenlernen

Voller Erwartung fiebern die Kinder ihrem ersten Kindergartentag und später dem Schulanfang entgegen. Gleichzeitig bringt die Umstellung auf die neue Situation auch unterschiedliche Gefühle und Stimmungen mit sich. Viele Neulinge beobachten die Situation zunächst aus einer sicheren Entfernung heraus. Sie wollen verständlicherweise zunächst abwarten, „was läuft". Weder können sie die neuen Bezugspersonen einschätzen, noch die anderen Kinder – vor allem wenn sie wirklich alleine, ohne Freund oder Freundin aus der Kleinkind- oder Kindergartengruppe, das neue Terrain erkunden müssen.
Damit die Neuen die größten Unsicherheiten überwinden, müssen sich auch die „alt eingesessenen" Kinder öffnen. Vielleicht haben Sie sie ja in der Vorbereitung an ihre eigenen Gefühle erinnert – schließlich ist es noch gar nicht so lange her, dass sie selbst mit klopfendem Herzen und umgeben von lauter fremden Gesichtern hier gestanden haben.
Die folgenden Kennenlernspiele erleichtern den Eingliederungsprozess der Neulinge in die bestehende Gruppe. Sämtliche Spiele machen die Kinder neugierig aufeinander und helfen sowohl Neulingen als auch Kindern in Außenseiterpositionen die gegenseitige Distanz zu verringern. Dabei spüren die Kinder, dass sie in der Gruppe willkommen und angenommen sind.

Der Balltanz

Material: Ball
Alter: ab 3 Jahren

Die Kinder bilden einen Kreis und geben sich die Hände. Vor einem beliebigen Kind befindet sich ein Ball. Nun gehen alle langsam im Kreis herum und singen nach der Melodie „Alle meine Entchen" folgendes Lied:
„ Wir gehen jetzt im Kreise und bleiben dann auch stehen, bleiben dann auch stehen.
Sag uns deinen Namen, wir freuen uns dich zu sehen!"
Danach bleiben die Kinder stehen und schauen im Kreis herum. Das Kind, welches am nächsten vor dem Ball steht,

stellt sich den anderen Kinder vor. Anschließend bilden alle wieder einen Kreis und singen das Lied noch einmal.

Grundfarben

Material: rote, gelbe und blaue Luftballons, Musik (z. B. „99 Luftballons" von Nena), Kassettenrekorder
Alter: ab 5 Jahren

Jeweils drei Kinder holen sich einen roten, gelben und blauen Luftballon. Danach erklingt eine aktuelle Musik, nach der sich die Kinder mit ihren Luftballons frei im Raum bewegen. Stoppt die Musik, dann müssen sich immer drei Kinder mit jeweils einem roten, gelben und blauen Luftballon finden und sich gegenseitig vorstellen. Sobald die Musik wieder beginnt, verabschieden sich die Kinder.

Variante: Die Kinder spielen sich gegenseitig die Luftballons zu. Dabei sollen die Luftballons möglichst nicht den Boden berühren. Sobald die Musik stoppt, schnappt sich jedes Kind einen Luftballon. Nun müssen sich immer drei Kinder mit den entsprechenden Farben finden und sich mit Namen vorstellen.

Der Stuhlkreistanz

Material: 1 Stuhl weniger als Anzahl der Kinder, Handtrommel
Alter: ab 6 Jahren

Bis auf ein Kind setzen sich alle in den Stuhlkreis. Danach stehen die Kinder auf und geben sich die Hände. Das Kind ohne Stuhl dreht sich mit geschlossenen Augen im Kreis herum und deutet auf ein Kind, das seinen Stuhl weg stellt und sich mit der Handtrommel in die Kreismitte setzt. Es gibt mit der Handtrommel eine Gangart vor, beispielsweise schleichen *(auf der Handtrommel mit den Fingerspitzen kreisförmig reiben)*. Danach bewegen sich die Kinder solange schleichend im Kreis, bis die Handtrommel verstummt. Nun lassen sich die Kinder (bis auf das in der Mitte) blitzschnell los und suchen sich einen Stuhl. Das Kind, das keinen Platz erhalten konnte, stellt sich vor und darf in der nächsten Runde mit der Trommel die Gangart bestimmen.

Das Flaschenspiel

Material: Flasche
Alter: ab 5 Jahren

Die Kinder sitzen im Kreis auf dem Boden. Das älteste Kind beginnt und holt eine leere Flasche. Es setzt sich in die Kreismitte und dreht die Flasche. Dabei sagt es den folgenden Spruch:
„Hört die Flasche auf sich zu drehen, dann muss ...
Zeigt der Flaschenhals auf ein Kind, wird der Satz mit dessen Namen vervollständigt:
... Sabrina aufstehen!"
Anschließend tauschen die beiden Kinder ihre Plätze und Sabrina dreht die Flasche.

Seiltänzer begrüßen sich

Material: langes Tau oder Seil
Alter: ab 7 Jahren

Ein Tau oder Seil wird im Raum oder im Freien ausgelegt. Es sollte so lang sein, dass die Kinder eine ausreichende Strecke zum Balancieren haben. Nun werden zwei gleich große Gruppen gebildet und die Kinder stellen sich hintereinander vor jeweils einem Tauende auf. Jeweils die zwei ersten Kinder der Gruppen beginnen als Seiltänzer auf dem Tau zu balancieren. Damit dies gelingt, müssen sie nach vorne schauen. Dabei stellen sie zueinander einen Blickkontakt her. Wenn die Kinder aufeinander treffen, geben sie sich die Hände, begrüßen sich laut und stellen sich gegenseitig vor. Anschließend versuchen sie aneinander vorbei zu kommen ohne den Boden zu berühren. Die Kinder balancieren solange weiter, bis sie die andere Gruppe erreichen. Die nächsten Seiltänzer gehen los, bis alle Kinder an der Reihe waren.
Ein Spiel zum Kennenlernen und zur Schulung des Gleichgewichtssinns – es ist nämlich gar nicht so einfach auf dem Seil die Balance zu halten.

Spielerisch sich und andere wahrnehmen

Um eine positive Einstellung zum Körper und ein gesundes Selbstvertrauen aufbauen zu können, müssen sich Kinder ihrer Person ganz bewusst sein. Dies setzt voraus, dass sie sich selbst kennen lernen können: So sehe ich aus, das sind meine Lippen, so lang sind meine Beine ... Dazu dient beispielsweise ein Spiegel, vor welchem die Kinder ihren Körper von allen Seiten betrachten und jede Menge Grimassen schneiden können. Indem sie sich genau ansehen und über ihre Empfindungen sprechen, lernen sie sich selbst wertzuschätzen. Kinder, die Vertrauen in ihre Fähigkeiten haben, wissen was sie wollen und werden ihre Meinung weniger von anderen abhängig machen. Die erworbene Selbstsicherheit drückt sich auch in der Körpersprache aus. Optimistisch eingestellte Personen gehen nicht nur offener auf andere zu und lächeln gerne; sie zeigen auch in ihrer ganzen Haltung, dass sie neugierig und erwartungsvoll auf den Kontakt mit ihrer Umwelt sind. Scheue oder ängstliche Kinder blicken dagegen häufig auf den Boden, ziehen die Schultern nach vorn und machen sich insgesamt kleiner als sie sind – als wollten sie sagen: Eigentlich bin ich gar nicht da.

Mit den folgenden Spielen zur Selbst- und Fremdwahrnehmung können Kinder sich selber und andere Personen besser kennen lernen und akzeptieren. Aufgrund der persönlichen Erfahrungen entscheidet sich dann, ob sie Freundschaften eingehen oder lieber abwarten wollen.

Ich vor dem Spiegel

Material: großer Spiegel
Alter: ab 3 Jahren

Die Kinder stellen sich nacheinander vor einen Spiegel und schauen ihren Körper von allen Seiten an. Nachdem sie sich ausgiebig betrachten konnten, bilden alle einen Kreis. Nun beginnt das älteste Kind und bittet alle, die beispielsweise blaue Augen haben oder einen roten Pullover tragen, in die Kreismitte. Aufmerksam betrachten sich die Kinder gegenseitig und entscheiden, ob keiner einen Fehler gemacht hat. Stehen die blauäugigen Kinder oder die mit roten Pullovern in der Kreismitte, darf ein anderes Kind eine neue Frage stellen.

Variante: In die Kreismitte kommen Kinder, die dieselben Freizeitinteressen haben, zum Beispiel Schwimmen oder Klettern oder Technomusik hören.

Kennst du deinen Körper?

Alter: ab 4 Jahren

Bis auf ein Kind stehen alle in einer Reihe und haben die Augen geschlossen. Nun stellt sich das Kind vor die Reihe und gibt Anweisungen, beispielsweise blind die Nase, den Mund, das rechte Bein mit den Händen zu berühren. Nach jeder Anweisung öffnen die Kinder kurz ihre Augen und überprüfen, ob sie die richtige Körperstelle berühren. Hat ein Kind einen Fehler gemacht, darf es noch einmal probieren. Nach drei Runden wird ein anderes Kind bestimmt, das jetzt die Anweisungen gibt.

Weißt du noch, wie du aussiehst?

Material: Spiegel
Alter: ab 4 Jahren

Ein Kind betrachtet sich von Kopf bis Fuß vor einem Spiegel. Dabei muss es sich möglichst viele Details, wie die Farbe seiner Haare oder der Halskette, merken. Anschließend macht es die Augen zu. Nun fragen die anderen Kinder nach seinem Aussehen oder was es an hat. Ist die Antwort falsch, dann darf die Fragerin ihr Glück versuchen. Konnte das Kind alle Fragen richtig beantworten, dann bestimmt es ein anderes, das sich vor den Spiegel stellt.

Der Schlangentanz

Material: Reifen und Tanzmusik
Alter: ab 6 Jahren

Ein Kind aus der Gruppe ist der Kopf der Schlange und bewegt sich frei im Raum zur Tanzmusik. Die anderen Kinder verteilen sich im Raum und setzen sich in jeweils einen Reifen. Aufmerksam beobachten die Kinder die Tänzerin solange, bis sie sich ein Kind auswählt und zu sich zieht. Nun bewegen sich die beiden Kinder hintereinander nach der Tanzmusik, bis sie sich ein weiteres Kind holen. Sie bilden eine Schlange und bewegen sich nach der Musik. Das geht so lange, bis fünf Kinder hintereinander stehen. Die anderen ordnen den Schlangentänzerinnen ihre Reifen zu. Sobald sich alle fünf wieder in ihren Reifen befinden, fängt eine neue Runde an.

Original und Kopie

Alter: ab 7 Jahren

Während ein Kind vor der Türe wartet, bestimmt die Gruppe zwei andere, von denen das eine Bewegungen vormacht, die das zweite möglichst genau nachahmt. Anschließend kommt das Kind wieder in den Raum. Nun bewegt sich die Gruppe frei im Raum. Um die beiden Gruppenmitglieder mit den gleichen Bewegungsabläufen herauszufinden, muss das Kind sehr genau beobachten können. Besonders schwierig wird das, wenn es das Original, (führendes Kind) von der Kopie (folgendes Kind) unterscheiden soll. Konnte das Kind Original und Kopie herausfinden, beginnt das Spiel von vorne.

Geschenke verteilen

Material: so viele kleine Spielsachen wie Kinder
Alter: ab 8 Jahren

In der Stuhlkreismitte befinden sich verschiedene kleine Spielsachen, die gerade in einer Faust verschwinden können. Ein Kind beginnt und verteilt alle Spielzeuge. Die Kinder schließen die Faust um ihr Spielzeug oder – falls es zu groß ist – verstecken es hinter dem Rücken. Nun muss das Kind in der Mitte sagen, wer welches Spielzeug erhalten hat. Anschließend öffnen die Kinder nacheinander ihre Hände und das Kind überprüft seine Aussage. Liegt es falsch oder kann es sich nicht mehr genau erinnern, dann bekommt es von den anderen Hilfe. Haben alle Kinder ihr Spielzeug gezeigt, beginnt ein neues Spiel mit einem anderen Kind in der Mitte.

Variante: Ein Kind aus der Gruppe lässt sich von den anderen Kindern beschenken. Dabei muss es sich merken, von wem welches Geschenk stammt.

Das Farbenfängerspiel

Material: farbige Bänder, Handtrommel
Alter: ab 8 Jahren

Ein Kind erhält die Trommel, alle anderen bilden drei gleich große Gruppen. Zum Umhängen erhält jede Gruppe Bänder in einer bestimmten Farbe. Danach wird aus jeder Gruppe ein Kind zum Fänger bestimmt. Anschließend bewegen sich alle nach dem Rhythmus der Handtrommel im Raum. Verstummt die Trommel, dann ruft das Kind laut eine Farbe. Jetzt müssen die Kinder mit dem Band in der genannten Farbe blitzschnell vom Fänger ihrer Gruppe wegrennen. Alle anderen bleiben stehen und beobachten gespannt den Spielverlauf. Gelingt es dem Fänger, bis das Trommeln wieder einsetzt, alle Kinder seiner Gruppe abzuschlagen? Danach beginnt eine neue Spielrunde.

Welche Paare gehören zusammen?

Material: Triangel
Alter: ab 9 Jahren

Bis auf ein Kind gehen alle anderen im Raum spazieren. Irgendwann nimmt das Kind die Triangel und lässt einen Ton erklingen. Nun schauen sich die anderen um und suchen sich PartnerInnen, die sie an die Hand nehmen. Danach gehen die Kinder paarweise im Raum spazieren und stellen sich gegenseitig leise vor. Aufmerksam und konzentriert beobachtet das Kind die einzelnen Paare. Sobald es glaubt, die Gesichter der zusammengehörenden PartnerInnen zu kennen, schlägt es erneut einen Ton an. Nun verabschieden sich die Paare wieder voneinander und verteilen sich im Raum. Jetzt muss das Kind versuchen, die Paare wieder zusammenzuführen. Halten alle Kinder den richtigen Partner an der Hand, kommt das nächste Kind an die Reihe.

Wie geht es dir heute?

Sollen Kinder diese Frage nicht nur mit einem oberflächlichen „Danke gut!", sondern ernsthaft beantworten, dann müssen sie sich über ihre Gefühle im klaren sein, unterschiedliche Gefühle kennen und sie einschätzen können. Das ist gar nicht so einfach, schließlich fällt es auch vielen Erwachsenen schwer, ihren augenblicklichen Gefühlszustand einzuordnen und darüber zu sprechen. Allerdings leben Kinder ihre Stimmungen spontaner und ungehemmter als Erwachsene aus. Bei den folgenden Übungen lernen Kinder sich bewusst mit ihren Gefühlen auseinanderzusetzen und auch unerwünschte Gefühle zuzulassen. Spielerisch entdecken sie verschiedene Möglichkeiten, wie sie ihre Gefühle wahrnehmen, erkennen und anderen Personen vermitteln können. Darüber hinaus lernen die Kinder auch die Gefühle anderer Personen kennen und zu akzeptieren.

Erzählkugel

Material: 1 optisch ansprechende Kugel, beispielsweise aus Wurzelholz oder aus Kristall
Alter: ab 4 Jahren

Besonders jüngere Kinder haben Schwierigkeiten vor einer Gruppe über ihre Erlebnisse und Gefühle zu berichten. Damit sich das Kind beim Erzählen nicht ständig beobachtet fühlt, bietet sich die folgende Übung an.
Die Kinder sitzen im Stuhlkreis und schauen sich gegenseitig an. Sobald die nötige Ruhe eingekehrt ist, erhält ein Kind die Erzählkugel und somit auch das Wort. Beim Erzählen kann das Kind sowohl die anderen Kinder anschauen als auch die Erzählkugel betrachten. Aufmerksam hören alle zu und überlegen sich Fragen, die sie anschließend stellen möchten. Wenn das Kind fertig ist, reicht es die Erzählkugel weiter.

Gefühle verdeutlichen

Material: Kissen, Stofftier, verschlossenes, mit Wasser gefülltes Glas, etc.
Alter: ab 5 Jahren

In der Kreismitte liegen verschiedenen Gegenstände, die jeweils ein bestimmtes Gefühl verdeutlichen sollen. Dabei können folgende Aussagen vereinbart werden:

- Kissen – müde sein, sich lustlos fühlen
- Bär – stark sein, sich gut fühlen
- Wasserglas – traurig sein, sich schlecht fühlen

Kennen alle die Bedeutung der einzelnen Gegenstände, dann beginnt ein Kind und holt sich einen Gegenstand. Es setzt sich auf seinen Platz zurück und berichtet der Gruppe, warum es sich gerade diesen Gegenstand ausgesucht hat.

Variante für Ältere: Es werden weitere Gefühlsäußerungen beschrieben oder pantomimisch vorgestellt. Für jede Gefühlsäußerung sucht sich die Gruppe einen passenden Gegenstand aus, der das Gefühl veranschaulichen soll.

Klangvolle Gefühle

Material: Reifen, Handtrommel, Rassel, Glöckchen
Alter: ab 5 Jahren

Die Kinder lauschen den Klängen einer Handtrommel, einer Rassel und eines Glöckchens. Sobald alle Kinder die Namen und die verschiedenen Klänge der Musikinstrumente kennen und unterscheiden können, überlegen sie sich, welche Klänge am besten für die musikalische Umsetzung der Gefühle traurig, wütend und fröhlich sein passen könnten.
Bis auf ein Kind verteilen sich alle im Raum und setzen sich in die Reifen. Anschließend erklingt ein Musikinstrument, beispielsweise das Glöckchen, das eine fröhliche Stimmung musikalisch ausdrückt. Dabei stehen die Kinder auf, die fröhlich sind. Anschließend hüpfen sie zum Klang des Glöckchens im Raum herum. Hört das Glöckchen auf zu klingen, springen die Kinder wieder in ihren Reifen hinein und berichten, warum sie heute so fröhlich sind. Anschließend kommt ein neues Musikinstrument an die Reihe, welches eine weitere Stimmung ausdrückt. Haben alle Kinder ihre momentane Stimmung mitteilen können, dann stellt das „Instrumentenkind" seine Stimmung musikalisch vor.

Stimmungsflüge

Material: Transparentpapier, Bleistifte, Scheren, Klebeband, freie Fensterscheiben zum Bekleben
Alter: ab 6 Jahren

Die Kinder holen sich Transparentpapier und zeichnen sich jeweils einen Drachen oder einen Luftballon auf. Danach schneiden sie ihren Drachen beziehungsweise Luftballon aus dem Papier aus. Nun setzen sich die Kinder in den Stuhlkreis. Das älteste Kind beginnt und teilt der Gruppe seine momentane Stimmung mit. Danach nimmt es seinen Drachen oder Luftballon und klebt ihn an eine freie Fensterscheibe. Je höher der Drachen oder Luftballon hängt, desto besser fühlt sich das Kind. Vielleicht ist es so guter Stimmung, dass es sogar auf einen Stuhl steigen muss, um sein Stimmungsbild möglichst weit oben anbringen zu können. Danach kommt das nächste Kind an die Reihe. Der Vorgang wird solange wiederholt, bis alle Drachen oder Luftballons auf den Fensterscheiben zu bewundern sind.

Gefühlskurve

Material: so viele Seile und Korken wie Kinder
Alter: ab 7 Jahren

Die Kinder holen sich jeweils ein Springseil und legen einen Halbkreis, der eine Gefühlskurve darstellt. Bevor sie ihre Korken an einer Stelle entlang der Kurve platzieren, müssen sie sich überlegen, wie sie sich gerade fühlen. Kinder, denen es besonders gut geht, stellen ihren Korken auf den höchsten Punkt des Halbkreises. Fühlen sich die Kinder nicht so gut, dann wird der Korken entsprechend nah an ein Seilende gesetzt. Anschließend sprechen die Kinder darüber, wie es ihnen momentan geht.

Variante: Die Kinder zeichnen eine Gefühlskurve auf und kennzeichnen ihre Stimmung durch einen Punkt auf der Kurve.

Stimmungsmesslatte

Material: Papierrolle, Wachsmalstifte, Lineal, Scheren, Klebeband, Passbilder der Kinder
Alter: ab 7 Jahren

Auf einer Papierrolle zeichnen die Kinder jeweils eine einen Meter lange Messlatte, die für den Gruppenraum bestimmt ist. Alle zehn Zentimeter machen sie einen waagerechten Strich. Auf jeden Strich zeichnen sie ein Gesicht, das eine Stimmung ausdrückt. Je weiter die Striche vom Boden entfernt sind, desto fröhlicher sehen die Gesichter aus. Danach schneiden die Kinder ihre Stimmungsmesslatten aus und kleben sie nebeneinander an die Wand. Nun werden die Passbilder neben einem Gesicht mit Klebeband befestigt. Dabei teilen die Kinder ihre momentane Stimmung mit. Am nächsten Tag überprüfen sie, ob sich ihre Stimmung verändert hat. Wenn ja, wird das Passbild an die entsprechende Stelle geklebt.

Stimmungszielscheibe

Material: Sperrholz, Laubsäge, Zirkel, schwarzer Filzstift, Klebeband, Fotokartons, Scheren
Alter: ab 9 Jahren (mit Hilfe ab 7)

Die Kinder sägen eine große Zielscheibe aus, welche sie mit dem Zirkel in sechs gleich breite Ringe einteilen. Danach werden die Ringe mit einem schwarzen Filzstift nachgezogen. Nun teilen die Kinder die Felder in Zahlen ein, beginnend mit der Zahl zwanzig und endend mit hundert. Anschließend schneiden sie jeweils ein kleines Rechteck aus dem Fotokarton aus, auf den sie ihren Namen deutlich schreiben. Danach nimmt das älteste Kind sein Kärtchen und versucht seine momentane Stimmung zu beschreiben. Dabei überlegt es sich, wie viele Punkte seine momentane Stimmung erhält. Ist die Stimmung des Kindes hervorragend, dann klebt es sein Kärtchen in das Feld mit der höchsten Zahl auf. So platzieren alle Kinder ihre Namenskärtchen auf der Stimmungszielscheibe. Die Kinder betrachten die Stimmungszielscheibe und versuchen miteinander zu klären, warum sich manche Kinder gut und andere vielleicht weniger gut fühlen.

Selbstvertrauen durch Sinneserfahrung

Bereits Säuglinge brauchen für ihre körperliche und seelische Gesundheit hautnahe Zuwendung. Geborgenheit, Zuneigung und das Vertrauen in die eigenen Fähigkeiten schaffen ein besonders hohes Maß an Sicherheit. Beobachten wir beispielsweise ein Kleinkind, dann können wir sehen, wie es Dinge von allen Seiten betrachtet, in die Hände nimmt und in den Mund steckt. Dabei lernt es die Eigenschaften von Dingen kennen und zu unterscheiden. Spielerisch begreift es seine Umwelt und entdeckt seine Fähigkeiten. Kinder brauchen also vielfältige Sinneserfahrungen und Bezugspersonen, von denen sie geliebt und in ihren Fähigkeiten angenommen werden, um Selbstvertrauen entwickeln zu können.

Kinder, die schon früh spielerisch Erfahrungen sammeln können und dabei ihren Horizont erweitern, entwickeln viel Fantasie und Kreativität. Darüber hinaus lernen sie auch in Alltagssituationen ihre Ängste und Unsicherheiten zu überwinden und nicht gleich bei jeder Schwierigkeit aufzugeben. Spiele zur Sinnesschulung sind also schon für kleinere Kinder besonders wichtig – und sie sollten auch für Größere so lange angeboten werden, wie sie Spaß daran haben. Damit sie in aller Ruhe und nach Herzenslust lauschen, schauen, schnuppern, tasten, genießen und dabei ihr Selbstvertrauen entwickeln können.

Die folgenden Spiele zur Sinnesschulung, sprechen gezielt ein bis zwei Sinne an.

Quietscheentchen, wo bist du?

Material: Quietscheentchen, evtl. Tuch
Alter: ab 3 Jahren

Die Kinder sitzen im Kreis auf dem Boden. Nun zieht das jüngste Kind seine Schuhe aus, steht auf und schließt die Augen, oder die Augen werden mit einem Tuch verbunden. Danach holt sich ein anderes Kind das kleine Quietscheentchen aus Gummi und legt es möglichst geräuschlos in die Mitte. Jetzt muss das „blinde" Kind das Entchen vorsichtig mit den Füßen ertasten. Sobald das Entchen quietscht, kann eine neue Runde beginnen.

Variante: Zwei bis drei Kinder suchen gleichzeitig nach dem Quietscheentchen.

Fuchs, du hast die Gans gestohlen

Material: Gans aus Holz oder Ton
Alter: ab 3 Jahren

Für dieses Spiel benötigen die Kinder eine kleine Gans, die aus Sperrholz ausgesägt oder aus Ton geformt werden kann. Alle setzen sich im Kreis auf den Boden, zwei Kinder kommen in die Mitte. Während das eine Kind die Augen schließt, versteckt das andere, der Fuchs, die kleine Gans unter dem Pullover oder in der Hosentasche oder im Schuh oder unter seiner Kappe. Danach singt die Gruppe das bekannte Kinderlied:
„Fuchs, du hast die Gans gestohlen, gib sie wieder her, gib sie wieder her. Sonst wird dich der Jäger holen mit dem Schießgewehr! Sonst wird dich der Jäger holen mit dem Schießgewehr!"
Während die Kinder das Lied singen, tastet das erste Kind behutsam den Fuchs ab und sucht nach der Gans. Es muss die Gans finden, bevor das Lied zu Ende ist. In der nächsten Runde kommen zwei andere Kinder in die Mitte.

Kuscheltier, komm zu mir!

Material: Kuscheltier, Triangel
Alter: ab 4 Jahren

Bis auf ein Kind befinden sich alle im Stuhlkreis und schließen die Augen. Nun übergibt ein Kind möglichst geräuschlos einem anderen ein kleines Kuscheltier. Danach stellt es sich mit einer Triangel in die Stuhlkreismitte und beobachtet das Kind, wie es das weiche Kuscheltier vorsichtig abtastet. Irgendwann lässt das Kind die Triangel erklingen. Nun übergibt das Kind behutsam das Kuscheltier seinem rechten Nachbarn. Das Spiel wird solange fortgesetzt, bis das Kuscheltier wieder das Ausgangskind erreicht hat.

Instrumentenwald

Material: Seil, verschiedene Musikinstrumente (Rassel, Triangel, Klangstäbe etc.)
Alter: ab 5 Jahren

Während sich vier Kinder zusammen ein Seil holen, stellen die übrigen den Instrumentenwald dar. Dazu verteilen sich die Kinder mit jeweils einen Musikinstrument im Raum. Anschließend beginnt die Übung.
Ein Kind nimmt das Seilende in die Hand und führt die anderen drei Kinder, die sich hintereinander aufstellen und das Seil mit einer Hand anfassen, durch den Raum. Dabei sind die Augen der drei Kinder geschlossen. Immer wenn das führende Kind vor einem „Instrumentenbaum" stehen bleibt, lauschen die „Blinden" aufmerksam und versuchen das Instrument am Klang zu erkennen. Nach maximal sechs verschiedenen Instrumenten öffnen die Kinder die Augen und zählen die Instrumente auf, welche im Wald zu hören waren.

Variante: Paarweise geht die Hälfte der Gruppe im Instrumentenwald spazieren.

Spürhund Rex

Material: so viele Wattebäusche wie Kinder, Zitronenduft
Alter: ab 4 Jahren

Ein Kind träufelt zwei Tropfen Zitronenöl auf einen Wattebausch. Anschließend schnuppert es an dem Duft. Danach legt es den Wattebausch zu den anderen Wattebäuschen zurück und schließt die Augen. Jetzt verwandelt es sich in einen Hund, der jederzeit mit seiner feinen Nase den Zitronenduft wiedererkennen kann. Nun holen sich die anderen Kinder jeweils einen Wattebausch. Ein Kind aus der Gruppe ist der Dieb, der vom Hund erschnüffelt werden muss. Die Kinder verteilen sich im Raum und nehmen im Schneidersitz Platz. Danach legen sie ihren Wattebausch auf einen ihrer Oberschenkel. Nun krabbelt der Hund langsam im Raum umher und sucht nach dem Dieb. Dabei bleibt er immer wieder stehen und schnuppert an den Wattebäuschen der Kinder. Glaubt der Hund, den Zitronenduft riechen zu können, hebt er eine Pfote und öffnet die Augen.

Hinweis: Bei jüngeren Kinder bietet sich zum Schnuppern der Stuhlkreis an. Auch ein Kommissar der neben dem Hund geht und Anweisungen gibt, erleichtert die Suche.

Vertraute Stimmen

Alter: ab 6 Jahren

Die Kinder befinden sich im Stuhlkreis. Während eins die Augen schließt, werden drei bis vier Kinder per Handzeichen bestimmt, die miteinander ein Gespräch beginnen. Das Kind lauscht dem Gespräch und versucht die verschiedenen Stimmen zu erkennen. Ist es seiner Sache sicher, hebt es die Hand und nennt die Namen. Danach öffnet es die Augen und überprüft, ob es tatsächlich die vermuteten Personen waren.

Variante: Schwieriger wird es, wenn drei bis vier Personen gemeinsam einen Satz aufsagen oder ein Lied singen.

Spielzeugschlange

Material: Kiste, Spielsachen in doppelter Ausführung, großes Tuch
Alter: ab 7 Jahren

In einer Kiste befinden sich Spielsachen, die jeweils doppelt vorhanden sind. Ein Kind aus der Gruppe beginnt, holt ein Spielzeug aus der Kiste heraus und legt es auf den Boden. Danach kommt ein anderes Kind an die Reihe und legt ein weiteres Spielzeug dazu. Dieser Vorgang wird solange wiederholt, bis eine Schlange mit maximal zwölf verschiedenen Spielsachen entsteht. Nun schaut sich die Gruppe aufmerksam die Spielzeugschlange an. Anschließend wird sie mit einem großen Tuch zugedeckt. Nun versuchen die Kinder eine zweite Schlange zu legen, die genau wie die erste Schlange aussehen muss. Sind sie fertig, dann decken sie die erste Schlange wieder auf und vergleichen das Ergebnis.

Der Formenklang

Material: verschiedene Musikinstrumente wie Handtrommel, Rassel, Zymbeln
Alter: ab 7 Jahren

Ein Kind aus der Gruppe geht vor die Türe. Die anderen holen sich jeweils ein Musikinstrument und überlegen sich gemeinsam eine Form, beispielsweise ein Dreieck oder ein Quadrat. Danach bildet die Gruppe einen Kreis, das Kind kommt wieder herein, stellt sich in die Mitte und schließt die Augen. Anschließend bildet die Gruppe möglichst lautlos um das Kind herum die besprochene Form. Das Kind soll sich möglichst innerhalb der Form bewegen. Damit es nicht anstößt, helfen ihm die Instrumente: Sobald es einem Kind zu nahe kommt, erklingt ein Musikinstrument. Nach einer zuvor vereinbarten Zeit öffnet das Kind seine Augen und schaut sich die Form an. Danach berichtet es der Gruppe, wie es ihm beim Gehen mit geschlossenen Augen ergangen ist.

Variante für Ältere: Die Kinder versuchen die Form herauszufinden.

In der Ruhe liegt die Kraft

Die wärmenden Sonnenstrahlen zu spüren, das frische Wasser zu schmecken, den Duft der Blüten zu riechen, dem Gesang der Vögel zu lauschen und die farbenfrohe Landschaft zu sehen, ist jederzeit und überall möglich, wenn wir nur unsere Fantasie gebrauchen. Dabei entstehen in unseren Köpfen ganz unterschiedliche Visionen und Träume. Vor allem Kinder, die zunächst in ihrer magischen Welt leben, benutzen gerne ihre Fantasie, um die engen Grenzen der Realität zu erweitern. Besonders im freien Spiel werden das Imaginationsvermögen und die Kreativität der Kinder gefördert.
Es ist immer wieder faszinierend zu beobachten, wie beispielsweise in der Vorstellungskraft der Kinder ein Seil zu einer Pferdeleine und die Spielkameradin zu einem Pferd wird. Indem die Kinder sich von ihrer Fantasie beflügeln lassen, können sie innere Spannungen abbauen und ihren Alltag besser bewältigen.
Spätestens in der Schule wird das Weltbild des Kindes zunehmend vom Realismus der Erwachsenen bestimmt. Dabei rückt die Fantasie zu Gunsten von „Wissen und Reflexion" in den Hintergrund. Weil aber Kinder (und wir Erwachsenene natürlich auch) für eine gute Persönlichkeitsentwicklung ihre Fantasiewelt brauchen, müssen wir dafür Sorge tragen, dass sie ihren Platz nicht zu Gunsten der Realität verliert.
Dadurch, dass die Kinder in einer entspannten Haltung die Fantasiereisen genießen und direkt angesprochen werden, können sie auch die in den meisten Geschichten enthaltenen Übungen des Autogenen Trainings – wie Ruhe, Schwere und Wärme – gut verinnerlichen. Dabei kommt oftmals auch die Atmung dazu.

Vorbereitung auf die Fantasiereise

1. Bringen Sie und die Kinder die nötige Ruhe mit?
2. Machen Sie möglichst zuvor selbst eine kurze Entspannungsübung. Sind die Kinder unruhig, dann bieten Sie ein kleines Bewegungsspiel an.
3. Achten Sie auf die Gruppengröße und die Zusammensetzung der Gruppe. Zu große Gruppen, aber auch zu viele jüngere oder verhaltensauffällige Kinder in der Gruppe, können erhebliche Störfaktoren mit sich bringen.
4. Sorgen Sie für einen Raum, der möglichst von äußeren Störfaktoren ge-

schützt, etwas abgedunkelt und angenehm warm ist.

5. Teelichte sorgen für eine behagliche Atmosphäre.
6. Schicken Sie die Kinder vor der Fantasiereise zur Toilette.
7. Lassen Sie die Kinder auf einer Decke oder Isomatte liegen. Dabei können sie ihre Schuhe ausziehen.
8. Zeigen Sie den Kindern, wie sie sich entspannen können.
   Dazu legen sich die Kinder am besten auf den Rücken. Die Arme sind leicht angewinkelt und die Beine etwas gespreizt. Die Augen werden nach Möglichkeit geschlossen oder auf einen bestimmten Punkt fixiert. Wird die Fantasiereise im Stuhlkreis durchgeführt, setzen sich die Kinder am besten gerade hin, halten den Kopf aufrecht und spreizen die Beine etwas. Die Hände ruhen bequem auf den Oberschenkeln. Die Augen sind möglichst geschlossen.
9. Beginnen Sie die Fantasiereise möglichst immer mit derselben Einleitung, zum Beispiel:
   „Leise, leise, beginnt deine Fantasiereise! Dazu legst du dich bequem hin, weil du dich entspannen willst. Nun kannst du deine Augen schließen und in aller Ruhe deine Fantasiereise genießen!"
10. Tragen Sie die Geschichte möglichst unbetont, nicht zu schnell und mit ruhiger Stimme vor.
    Machen Sie immer wieder Pausen, damit die Kinder ihre inneren Bilder entwickeln können.
11. Lassen Sie die Kinder nach der Fantasiereise langsam wieder zurückkehren und über die Seitenlage aufstehen. Danach brauchen sie ausreichend Gelegenheit, ihre Erlebnisse auszutauschen oder aufzumalen.

Die Kraft des alten Eichenbaums

Alter: ab 6 Jahren

Es ist ein schöner Sonntagmorgen. In deinem Zimmer scheinen die ersten Sonnenstrahlen, die dich wecken. Du reibst dir den Schlaf aus den Augen und stehst langsam auf.
Gerne möchtest du einen kleinen Spaziergang unternehmen und die frische Luft einatmen.
Du schaust aus dem Fenster und erkennst, dass es in der Nacht geregnet hat. Direkt vor deinen Augen badet ein kleiner Spatz in einer großen Pfütze.
Da auch du gerne in eine Pfütze springst, ziehst du dir die wasserdichten Gummistiefel an. Nun steckst du die Wohnungsschlüssel in die Hosentasche und machst dich auf den Weg.
Du gehst geradeaus, bis du zu dem großen Stadtpark kommst. Du betrittst den Park und gehst ein Stück auf der Wiese entlang. Unter deinen Füßen kannst du den weichen Wiesenboden spüren. Du gehst langsam weiter, bis du vor einem großen Baum mit Blättern stehst.
Die gelappten Blätter und die Eichenblüten verraten dir, dass es sich um einen Eichenbaum handelt. Mächtig und stark sieht die Eiche mit ihrer breiten Baumkrone und ihrem dicken Stamm aus. Sicherlich ist die Eiche schon viele hundert Jahre alt. Was mag sie nur alles erlebt haben?
Du breitest deine Arme aus und umarmst den knorrigen Stamm der Eiche. Du fühlst den dicken Baumstamm mit seiner runzeligen Rinde.

Du kannst die angenehme Schwere des Eichenbaums spüren.

Sicher und stark steht der Eichenbaum im Park. Es ist die gleiche Stärke, die auch in dir ist.
Du berührst sanft die Rinde des Baum und spürst, wie die Ruhe des Eichenbaums sich auf dich überträgt.

Du bist ganz ruhig und genießt die Stille.

Ein leichter Wind wiegt die Zweige und Blätter sanft hin und her.

Du atmest gleichmäßig ein und aus, ein und aus.

Du spürst die Lebensfreude in dir und entdeckst auf der Baumrinde viele kleine Käfer und Ameisen. In der Nähe der Baumkrone siehst du einen Vogel, der in den Rindenspalten nach Insekten sucht.

Zwischen den Ästen springt ein kleines Eichhörnchen munter herum.
Die alte Eiche ist voller Leben. Unglaublich vielen Tiere bietet sie Nahrung und Unterschlupf.
Voller Ehrfurcht betrachtest du die mächtige Eiche ein Weilchen. Du schaust hinauf zur dichten Baumkrone, die vom Sonnenlicht durchflutet wird. Für einen kurzen Augenblick kannst du die warmen Sonnenstrahlen spüren.

Dein Körper ist angenehm warm.
Du atmest gleichmäßig ein und aus, ein und aus.
Du fühlst dich wohl und bist ganz ruhig.

Die wärmenden Sonnenstrahlen locken die Menschen in die Natur. Von Ferne kannst du die lauten Stimmen, Schritte und Motorengeräusche hören.
Nun wird es Zeit nach Hause zu gehen.
Du verabschiedest dich von deinem alten Eichenbaum und machst dich auf den Weg.
Du weißt jetzt, dass du nur den Eichenbaum umarmen musst, wenn du wieder einmal neue Kraft schöpfen möchtest.

Kurze Pause

Du kehrst langsam wieder zurück und öffnest deine Augen.

Du stehst gemütlich über die Seitenlage auf. Nun ballst du deine Hände zu Fäusten und streckst dich so gut es geht.
Dann rufst du ganz laut:

„Ich bin voller Kraft, wie der Eichenbaum im Park!"

Der selbstbewusste Marienkäfer

Alter: ab 6 Jahren

In deiner Fantasie ist alles möglich. Deshalb stell dir einmal vor, du wärst ein kleiner, roter Marienkäfer mit sieben schwarzen Punkten. Du bist zwar ein sehr kleines Insekt, weißt aber, dass du für den Menschen außerordentlich nützlich sein kannst. Da du für dein Leben gerne Blattläuse verzehrst, kannst du mit jeder Menge anderer Marienkäfer von umweltbewussten Bauern und GärtnerInnen ausgesetzt werden, um die Ernte zu schützen.
Du bist stolz darauf, einen wichtigen Beitrag für den Pflanzenschutz leisten zu können. Dein gesundes Selbstvertrauen spiegelt sich auch in deiner äußeren Erscheinung wieder. Du bist nicht nur schön anzusehen, sondern weißt auch die schönen Seiten des Lebens zu genießen.
So machst du dich auf den Weg und krabbelst auf ein weiches Blatt. Du spürst die Stille um dich herum und ruhst dich etwas aus.

Du bist völlig ruhig und fühlst dich geborgen.
Du spürst die wärmenden Sonnenstrahlen, die deine Seele und deinen Körper verwöhnen. Dein Atem geht gleichmäßig ein und aus, ein und aus. Alles um dich herum ist ganz ruhig und Ruhe ist auch in dir.

Du streckst dich ein wenig und schaust in den blauen Himmel hinauf. Am Horizont kannst du einen Regenbogen entdecken. Die leuchtenden Farben des Regenbogens sind wunderschön anzusehen. Auch die Wiesenblumen um dich herum zeigen sich in ihrer schönsten Blütenpracht. Und wie die Blüten duften! Kannst du sie riechen?
Kleine Ameisen kriechen auf den Gräsern entlang. Du bist erstaunt, wie zielstrebig sie ihren Weg verfolgen.
Du schaust dir alles in Ruhe an, bis du plötzlich einen Schatten von einem Vogel auf der Wiese entdeckst. Obwohl du ein sehr kleines, auf den ersten Blick hilfloses Lebewesen bist, nimmst du deinen ganzen Mut zusammen und scheidest einen übelriechenden gelben Saft aus. Der widerliche Geruch bereitet sich sofort aus und vertreibt den Vogel. Erleichtert atmest du wieder auf und freust dich über dein neu gewonnenes Leben.
Du krabbelst weiter und spürst langsam wieder die Ruhe in dir. Das weiche Gras, der Duft der Blüten und die angenehm frische Luft, erfreuen dich.

Du bist ganz ruhig und atmest gleichmäßig ein und aus, ein und aus.

Unter dem dichten Gras fühlst du dich geborgen und wohl.

Du ruhst dich ein wenig aus und schöpfst neue Kraft aus der Stille.

Langsam fühlst du dich wieder stark genug, um auf die Spitze eines Grashalms zu krabbeln. Am Ziel angekommen, breitest du behutsam deine kleine Flügel aus und fliegst davon.

Kurze Pause

Langsam beendest du deine Reise und kommst wieder in den Raum zurück. Du öffnest deine Augen und richtest dich langsam über die Seitenlage auf. Du reckst und streckst dich. Dabei ballst du deine Hände zu Fäusten. Voller Überzeugung rufst du ganz laut:

„ Ich bin so stark, wie ich als Marienkäfer in meiner Fantasie war!"

Die Stärke des Schneemanns

Alter: ab 6 Jahren

An einem herrlichen Winternachmittag gehst du spazieren. Die Eiszapfen hängen von den Dachrinnen herab und die Pflanzen schützen sich unter der Schneedecke vor dem strengen Frost. Manche Tiere, wie die Hamster, haben bereits im Herbst ihren Vorrat gesammelt und halten jetzt ihren Winterschlaf.
Die Natur um dich herum ruht und erwacht erst im Frühjahr zu neuem Leben. Obwohl es draußen kalt ist , fühlst du dich in deiner warmen Winterjacke, deinen dicken Handschuhen und deinem weichen Schal sehr wohl.

Du bist völlig ruhig. Dein Atem geht gleichmäßig ein und aus, ein und aus.

Du genießt die Ruhe und gehst ein Stück auf der zugeschneiten Wiese entlang.
Im weißen Schnee kannst du die Spuren einer Katze entdecken. Du stapfst ganz leise durch die schneebedeckte Wiese und lauschst den Klängen der Schneeflocken, die vom Himmel sanft zur Erde schweben. Eine kleine Schneeflocke tanzt vom blauen Winterhimmel direkt auf deine Nasenspitze herab. Kannst du sie spüren?
Langsam gehst du weiter, bis du von Ferne einen großen Schneemann entdecken kannst. Prächtig sieht der Schneemann aus, mit seinen kohlschwarzen Augen, seiner langen Mohrrübennase, seinem hohen Zylinder und seinem großen Besenstil. So einem Schneemann möchtest du gerne alle deine Sorgen und Wünsche erzählen. Aufmerksam und geduldig hört dir der Schneemann zu.
Der Schneemann, der so manche warme Wintersonne und so manchen eisigen Schneesturm überstehen musste, gibt dir wieder neuen Mut. Du weißt jetzt, dass du mit deinen Sorgen nicht alleine bist. Du umarmst den dicken Schneemann und schöpfst neue Kraft.

Alles um dich herum ist ganz still und Ruhe ist auch in dir. Gleichmäßig atmest du ein und aus, ein und aus.

Du spürst die Stärke des Schneemanns und fühlst dich geborgen.
In aller Ruhe verabschiedest du dich von deinem Schneemann und gehst wieder nach Hause. Du denkst noch lange an deinen großen Freund, den Schneemann, zurück. Aber du weißt jetzt, dass es immer jemanden im Leben gibt, dem du deine Sorgen und Wünsche anvertrauen kannst.

Kurze Pause

Du bist wieder in deinem Zimmer angekommen und öffnest deine Augen. Gemütlich legst du dich auf die Seite und stehst über die Seitenlage langsam wieder auf. Du streckst dich und machst dich so groß wie ein Riese. Deine Hände ballst du zu Fäusten und sagst ganz laut folgenden Spruch auf:

„Der Schneemann hat mir Mut gemacht!
Ich bin wieder fit für den ganzen Tag!"

Die Wanderung des kleinen Lachses

Alter: ab 7 Jahren

Wenn du bequem liegst, stelle dir vor, du wärst ein kleiner Lachs.
Im Süßwasser des Flusses fühlst du dich wohl und geborgen. Alles um dich herum ist ganz still und trotzdem voller Leben. Im Fluss ist dir jeder Stein, jedes Pflänzchen und jeder Fisch vertraut. Du hast viele Freunde, kennst aber auch deine natürlichen Feinde, vor denen du dich schützen musst. Blitzschnell schwimmst du deinen Feinden davon und bringst dich außer Gefahr. Nach einer Weile schaust du dich vorsichtig um und schwimmst in aller Ruhe weiter.

Du bist völlig ruhig und Ruhe ist auch in dir. Gleichmäßig atmest du ein und aus, ein und aus.

Die hellen Sonnenstrahlen funkeln wie tausend Diamanten und tanzen auf der Wasseroberfläche. Sie erwärmen das kühle Wasser.

Du genießt das angenehm warme Wasser auf deinem Körper.

Deine vertraute Umgebung gibt dir Sicherheit und macht dir Mut neue Aufgaben erfolgreich zu bewältigen. Du spürst, dass es nun an der Zeit ist, das Meer kennenzulernen. Bevor du dich auf den Weg machst, verabschiedest du dich von allen deinen Freunden.
Auf deiner Wanderung zum Meer sammelst du viele Erfahrungen und lernst viele neue Freunde kennen. Obwohl du täglich bis zu einhundert Kilometer bewältigst, kommt dir die Strecke unendlich lang und weit vor. Aber du weißt, dass alles seine Zeit braucht und das ist gut so. Du machst immer wieder eine kleine Pause und ruhst dich etwas aus. Du träumst von dem unendlich großen Meer und stellst dir vor, wie es wohl aussehen mag. Du fühlst dich wohl und geborgen.

Du bist völlig ruhig und Ruhe ist auch in dir. Gleichmäßig atmest du ein und aus, ein und aus.

Bevor du weiter schwimmst, träumst du noch ein Weilchen vor dich hin.
Wenn du wieder genügend Kraft geschöpft hast, schwimmst du langsam weiter, bis du von Ferne das Meer entdecken kannst. Riechst du schon das salzige Wasser? Voller Freude schwimmst du etwas schneller und erreichst das unendlich große Meer.

Unglaublich viele schöne Dinge kannst du im Meer entdecken, viel schöner, als du es dir jemals erträumt hast. Vielleicht möchtest du später ein Meeresbild mit Korallenriffen, Seeigeln, Seepferdchen und den kleinen und großen Meeresfischen malen?
Damit du deinen Freunden im Fluss viele Abenteuer und Geschichten über das Meer erzählen kannst, schaust du dir alles in Ruhe an.
Bevor du aber wieder in den Fluss zurückkehrst, lebst du noch viele Jahre glücklich und zufrieden im großen, weiten Meer.

Kurze Pause

Langsam kehrst du von deiner Reise wieder zurück, bis du im Raum ankommst. Du öffnest deine Augen und stehst ganz gemütlich über die Seitenlage wieder auf. Du machst dich ganz groß und ballst deine Hände zu Fäusten. Voller Lebensfreude rufst du laut und deutlich:

„Ich bin so fröhlich und frisch wie ein Riesenfisch!“

Du bist nicht alleine

Alter: ab 8 Jahren

Stelle dir vor, du gehst noch einmal deinen Lebensweg zurück.
Du erkennst verschiedene Menschen, denen du irgendwann begegnet bist.

Kurze Pause

Wenn du dich auf deinem Weg umdrehst, dann kannst du dich zunächst als Kleinkind wiedererkennen. Mühevoll lernst du Schritt für Schritt im Wohnzimmer gehen. Deine Eltern halten dich an den Händen und geben dir viel Sicherheit.

Erinnere dich daran, wie du Orientierung und Halt gefunden hast.

Kurze Pause

Immer öfters kannst du dich an einem Möbelstück hochziehen und einige Schritte selbständig unternehmen. Mit allen Sinnen möchtest du deine Welt um dich herum entdecken. Du nimmst die Gegenstände nicht nur in die Hand, sondern versuchst sie auch mit dem Mund, der Nase und den Ohren zu erforschen.

Spüre noch einmal deine Neugier.

Was hat dich daran gereizt, die Dinge um dich herum zu entdecken?
Waren da auch Dinge, die dir Sicherheit gaben?

Kurze Pause

Nun machst du einen kleinen Zeitsprung und siehst dich als Kindergartenkind wieder. Voller Freude möchtest du den Kindergarten besuchen. Dazu musst du zum ersten Mal alleine deine gewohnte Umgebung verlassen. Die vielen fremden Kinder und die neue Einrichtung machen dir etwas Angst.

Erinnere dich daran, welche Gefühle und Gedanken dir durch den Kopf gingen.

Kurze Pause

Du versteckst dich in einer Ecke und schaust den anderen Kindern beim Spielen zu. Danach nimmst du deinen ganzen Mut zusammen und beteiligst dich am Spiel einiger Kinder. Nach wenigen Tagen hast du bereits neue Freunde gefunden.

Was hast du mit deinen Freunden alles unternommen? Erinnere dich daran, wie du dich nun gefühlt hast!

Kurze Pause

Nach der Kindergartenzeit wirst du eingeschult. Nun gehörst du zu den Großen. Um die Schule zu besuchen, musst du wieder deine gewohnte Umgebung verlassen. Zum ersten Schultag bekommst du einen Schulranzen und eine Schultüte.

Erinnere dich an den Ablauf deines ersten Schultags. Wer war alles an deinem großen Fest dabei? Worüber hast du dich am meisten gefreut?

Kurze Pause

Denke noch einmal in Ruhe an die Menschen, denen du irgendwann auf deinem Lebensweg begegnet bist. Genieße das Vertrauen und die Freundschaft, die sie dir entgegengebracht haben.

Kurze Pause

Komme jetzt wieder langsam in den Raum zurück und öffne deine Augen. Stehe langsam über die Seitenlage auf. Schüttle deine Arme aus und balle deine Fäuste. Strecke dich und rufe voller Kraft:

„Was ich erlebt habe, zeigt mir: Ich war und bin niemals allein!"

Was ich alles kann!

Sollen Kinder frühzeitig lernen, mit Misserfolgen und Rückschlägen besser umzugehen, dann müssen sie bereits innerhalb der Familie und im Kindergarten viel Geborgenheit, Lob, Anerkennung und Unterstützung erfahren. Erst wenn Kinder an Vertrauen und Sicherheit gewinnen, können sie sich selbst akzeptieren, Kritik annehmen und sich gegenüber anderen Personen behaupten lernen.
Bei den folgenden Spielen üben Kinder miteinander umzugehen, ihre Fähigkeiten zu zeigen, sich gegenseitig zu respektieren, Schwierigkeiten zu überwinden und ihr Selbstbewusstsein zu stärken.

Was ich so alles kann!

Material: Wollknäuel
Alter: ab 4 Jahren

Die Kinder sitzen im Stuhlkreis. Ein Kind holt einen Wollknäuel und überlegt sich eine Tätigkeit, die es besonders gut ausüben kann. Das Kind sagt laut und deutlich, welche Tätigkeit es gut beherrscht. Danach hält es das Fadenende fest in der Hand und übergibt den Wollknäuel seiner rechten Nachbarin. Die überlegt sich eine weitere Tätigkeit, die sie der Gruppe mitteilen möchte. Dies wird solange fortgesetzt, bis alle Kinder den Faden in ihren Händen halten und miteinander verbunden sind.

Variante für Ältere: Das Kind, das als letztes das Knäuel erhalten hat, gibt ihn demjenigen wieder zurück, von dem es ihn erhalten hat. Dabei muss es den Namen und die Fähigkeit des anderen Kindes nennen. Das Spiel ist beendet, wenn das Wollknäuel das erste Kind wieder erreicht hat.

Das klare „Nein“

Material: verschiedene Süßigkeiten und Spielsachen
Alter: ab 5 Jahren

Bis auf ein Kind sitzen alle im Stuhlkreis. Danach erhalten bis zu fünf Kinder jeweils ein Spielzeug oder etwas Süßes. Anschließend gehen sie nacheinander zu dem Kind in der Stuhlkreismitte und bieten ihr Spielzeug oder ihre Süßigkeit möglichst überzeugend an. Das Kind, das üben soll, keine Spielsachen oder Süßigkeiten von Fremden anzunehmen, muss versuchen den Geschenken zu widerstehen und den Bitten der Kinder ein klares „Nein“ entgegenzusetzen. Damit das gelingt, kann das „Nein“ mit einer passenden Mimik und Gestik unterstützt werden. In einer weiteren Runde versuchen bis zu fünf Kinder gleichzeitig das Kind von einem Geschenk zu überzeugen. Danach findet ein Erfahrungsaustausch in der Gruppe statt.

Die Stärken von Tieren entdecken

Material: Pappteller, Schere, Wachsmalstifte, Federn, Stoff- und Krepppapierreste
Alter: ab 5 Jahren

Die Kinder überlegen sich Tiere, die sie gerne sein möchten. Dazu nehmen sie sich Pappteller, zeichnen die Augen, den Mund und die Nase auf und schneiden sie vorsichtig aus den Papptellern heraus. Danach werden die Masken angemalt. Zum Verschönern werden auch Federn, Stoff- und Krepppapierreste verwendet. Danach setzen sich alle Kinder mit ihren Masken in den Stuhlkreis. Mit einem Auszählvers wird ein Kind für die Mitte bestimmt. Es hält die Maske vor sein Gesicht und spielt das Tier, das zu der Maske passt. Die anderen Kinder müssen den Tiernamen herausfinden. Anschließend zählt das Kind die Eigenschaften des Tieres auf und berichtet der Gruppe, warum es gerade dieses Tier gut findet. Danach versucht die Gruppe weitere Eigenschaften des Tiers zu benennen.

Fester Stand(punkt)

Alter: ab 6 Jahren

Wer selbstbewusst ist, verfügt auch über eine selbstsichere Körperhaltung. Um die Merkmale dieser Körperhaltung kennenzulernen, probieren die Kinder verschiedene Körperhaltungen und Gangarten aus. Dazu stellen sie sich beispielsweise auf ein Bein, auf Zehenspitzen oder gehen in die Hocke. Nach jeder Körperhaltung kontrollieren die Kinder ihre Standfestigkeit. Dabei überprüfen sie, wie sicher sie stehen und sich fortbewegen können. Dann erhalten die Kinder die Anweisung sich etwas breitbeinig hinzustellen und ganz leicht in die Hocke zu gehen. Danach gehen sie mit geradem Oberkörper und erhobenen Kopf langsam im Raum spazieren. Dabei sind die Arme locker und der Blick ist freundlich. Abschließend findet ein Erfahrungsaustausch in der Gruppe statt.
In einer weiteren Runde üben die Kinder verschiedene Gefühle, wie Traurigkeit oder Fröhlichkeit, mit der Körperhaltung auszudrücken.

Was ich gut an dir finde

Material: Kissen, kleine Wollknäule
Alter: ab 6 Jahren

Die Kinder holen sich Kissen und setzen sich paarweise gegenüber auf den Boden. Jeweils ein Kind hat ein kleines Wollknäuel in der Hand. Nun überlegt sich das erste Kind eine Eigenschaft, die es an dem zweiten besonders schätzt. Dann hält es den Faden des Knäuels fest in der Hand und sagt beispielsweise: „Ich finde an dir gut, dass du immer so fröhlich bist!"
Anschließend rollt es das Knäuel seinem Partner zu. Dieser hält den Faden fest und überlegt sich eine positive Eigenschaft für das gegenüber sitzende Kind. Es geht solange weiter, bis das Wollknäuel abgewickelt ist. Finden die Kinder weitere positive Eigenschaften, dann wickeln sie das Knäuel langsam wieder auf.

Ängste wegrollen

Material: so viele Tennisbälle wie Kinder
Alter: ab 7 Jahren

Die Kinder holen sich Tennisbälle und setzen sich nebeneinander in einer Reihe auf den Boden. Das erste Kind in der Reihe überlegt sich eine Situation, vor der es Angst hat, nimmt den Tennisball in die Hände und sagt beispielsweise: „Ich rolle meine Angst vor Spinnen ganz weit weg". Dann rollt es so kräftig wie möglich den Tennisball von sich weg. Sobald der wieder ruht, überlegt sich das nächste Kind eine Situation und wiederholt den Vorgang. Nachdem alle Kinder ihren Tennisball von sich weggerollt haben, sprechen sie über ihre Ängste. Gemeinsam sucht die Gruppe nach Möglichkeiten, mit denen angstbesetzte Situationen überwunden werden können.

Stärken anderer Personen wahrnehmen

Material: Ball
Alter: ab 8 Jahren

Die Kinder stehen im Kreis und stellen nacheinander eine Tätigkeit vor, die sie besonders gut ausüben können. Jede Tätigkeit sollte nur einmal in der Gruppe genannt werden. Dabei muss sich jedes Kind die genannten Tätigkeiten gut merken. Anschließend bewegen sich die Kinder frei im Raum. Wer den Ball in den Händen hält, beginnt beispielsweise mit folgendem Satz:
„Wo ist das Kind, das gut kochen kann?" Erkennt ein Kind, dass es sich hier um seine Stärke handelt, dann ruft es laut und deutlich: „Hier bin ich!" Danach erhält es den Ball und sucht nach einem weiteren Kind mit einer anderen Stärke. Das Spiel ist beendet, wenn alle Kinder mit ihren Stärken gefunden wurden.

Welche Stärken hat die Gruppe?

Material: Kassettenrekorder, Musik zur Bewegung, verschiedene Gegenstände wie Ball, Seil, Buntstifte, Kochlöffel
Alter: ab 8 Jahren

Ein Kind wird Diskjockey, alle anderen überlegen sich Hobbys, die sie besonders gerne ausüben. Danach holt sich jedes Kind einen Gegenstand, der zum ausgesuchten Hobby passt. Dann wird Musik gespielt, nach der sich die Kinder mit ihren Gegenständen im Raum bewegen. Wenn der Diskjockey die Musik gestoppt hat, ruft er eine Zahl zwischen 3 und 5, zu der sich die Kinder zusammenfinden sollen. Nun zeigen die einzelnen Gruppenmitglieder ihren Gegenstand und teilen ihr Hobby mit. Dabei benennen sie auch ihre Stärken, die sie für das jeweilige Hobby brauchen und in die Gruppe einbringen können. Anschließend erklingt erneut die Musik. Um weitere Gruppen zu bilden, bewegen sich die Kinder wieder frei im Raum, bis die Musik stoppt.

Fähigkeiten einschätzen lernen

Material: Papier, Buntstifte
Alter: ab 9 Jahren

Alle Kinder holen sich jeweils ein Blatt Papier und Buntstifte. Sie setzen sich an einen Tisch und malen in die Mitte des Papiers einen kleinen Kreis. In den Kreis schreiben sie das Wort „ICH". Vom Kreis aus machen sie unterschiedlich lange Pfeile, die zu Fähigkeiten führen, die sie sich selbst zuschreiben. Besonders ausgeprägte Stärken werden näher zum ICH gezeichnet.
Danach setzen sich alle Kinder in einen Stuhlkreis. Die Bilder liegen verdeckt unter den Stühlen. Nun versucht die Gruppe die Stärken eines Kindes zu benennen. Damit dies gelingt, müssen die Gruppenmitglieder sich gut kennen und gegenseitig vertrauen können. Zur Kontrolle holt das Kind sein Bild unter dem Stuhl hervor und vergleicht die Aussagen. Konnte die Gruppe das Kind mit seinen Stärken richtig einschätzen? Wo gab es Unterschiede oder Abweichungen in der Selbst- und Fremdwahrnehmung?

Positive Wünsche verschenken

Material: Naturmaterialien wie Steine, Zweige, Muscheln
Alter: ab 8 Jahren

Die Kinder sitzen im Stuhlkreis. In der Mitte befinden sich verschiedene Naturmaterialien. Ein Kind beginnt und schaut sich die Eigenschaften der Naturmaterialien genau an. Es nimmt sich einen Gegenstand, der symbolisch für einen guten Wunsch stehen kann. Nun schaut sich das Kind in der Gruppe um. Danach geht es mit dem Naturmaterial zu einem anderen Kind und sagt beispielsweise: „Ich wünsche dir die Kraft des Steins!" Anschließend wechseln die Kinder ihre Plätze. Nun tritt das zweite Kind in die Stuhlkreismitte und sucht sich ein Naturmaterial für ein weiteres Kind aus. Das Spiel wird solange fortgesetzt, bis alle Kinder ein Naturmaterial und einem Wunsch erhalten haben.

Klanggeschichten

Die Geschichten sollten von einem Erwachsenen oder einem Kind, das gut lesen kann, vorgetragen werden. Die Instrumente werden entsprechend den jeweiligen Textstellen eingesetzt. Jüngere können die Geschichten auch nur als Rollenspiel vorstellen (besonders für jüngere Kindergartenkinder ist die zweite Klanggeschichte vom Riesen Riesengroß geeignet).
Ältere und geübte Kinder können die Klanggeschichte zusätzlich pantomimisch umsetzen.

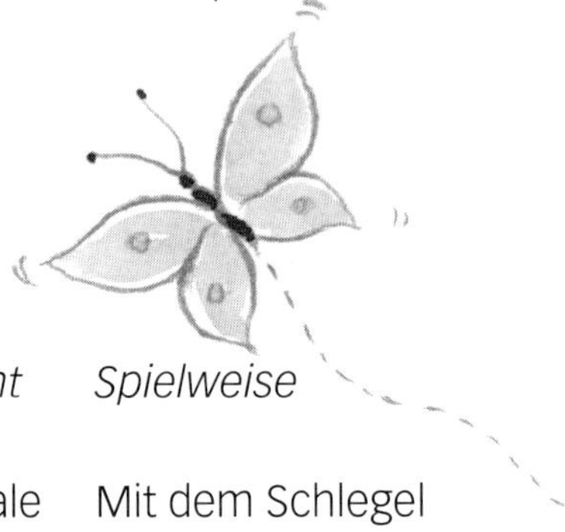

Die Reise der kleinen Schnecki Hauser

Klanggeschichte	*Instrument*	*Spielweise*
Es ist Frühling und die wärmenden Sonnenstrahlen scheinen auf die Erde herab.	Klangschale	Mit dem Schlegel zum Klingen bringen
Vom Süden kehren die ersten Zugvögel zurück.	Fingerzymbeln	
Schmetterlinge und Bienen fliegen ausgelassen zu der bunten Blütenpracht der Wiesenblumen.	Triangel	Kurze Schläge
Langsam erwacht Schnecki Hauser aus dem Winterschlaf und kriecht aus der Erde heraus.	Handtrommel	Kreisförmig mit den Fingerspitzen reiben
Neugierig riecht Schnecki Hauser an einem saftigen Blatt, das sie genüsslich verspeist.	Handtrommel	Mit den Fingerspitzen hoch- und runter reiben
Satt und munter macht sich Schnecki Hauser auf den Weg, um ihren Freund Wurmi zu besuchen.	Handtrommel	Kreisförmig mit den Fingerspitzen reiben
Mitten auf dem Weg liegt ein dicker Ast, den Schnecki Hauser mühsam überwinden muss.	Handtrommel	Leise und langsam mit den Fingern klopfen

Kaum hat sie den Ast überwunden, fängt es leicht zu regnen an.	Metallophon	Vereinzelte Töne
Sofort verkriecht sich Schnecki Hauser in ihr Häuschen.	Hand-trommel	Kreisförmig mit den Fingerspitzen reiben
Als am Himmel ein wunderschöner Regenbogen zu sehen ist, beschließt Schnecki Hauser ihre Reise fortzusetzen.	Xylophon	Einmal die Tonleiter hinauf und herunter spielen
Am Wegesrand entdeckt Schnecki Hauser eine dicke Kröte, die einem vorbeiflatternden Schmetterling nachschaut.	Triangel	Kurze Schläge
Vor Angst ist Schnecki Hauser ganz aufgeregt.	Hand-trommel	Trommeln
Die dicke Kröte hat mit der kleinen Schnecki Hauser Mitleid und hüpft deshalb weit weg.	Holzblock-trommel	Gleichmäßige Schläge
Langsam kriecht Schnecki Hauser weiter, bis sie ein grünes Blatt entdeckt, auf dem Wurmi liegt.	Hand-trommel	Kreisförmig mit den Fingerspitzen reiben
Vor lauter Freude machen Schnecki Hauser und Wurmi ein Fest, das so bunt wie die Farben des Regenbogen ist.	Xylophon	Einmal die Tonleiter herauf und herunter spielen

Selbst hergestellte Instrumente als Alternative

Die Kinder können auch körpereigene oder selbst hergestellte Instrumente einsetzen. Die folgenden Möglichkeiten sind als Anregungen zu verstehen.

Musikinstrument	*Alternative*
Klangschale	Zwei bis drei Kinder summen einen langen Ton
Fingerzymbeln	Zwei Löffel leicht gegeneinander schlagen
Triangel	Ein leeres Glas mit einer Gabel vorsichtig anschlagen
Handtrommel	Über der Öffnung eines Joghurtbechers Butterbrotpapier spannen und mit Gummi befestigen
Metallophon	Rainmaker
Xylophon	Gläser nebeneinander stellen. Das erste Glas füllen die Kinder bis zum Rand mit Wasser, in alle weiteren immer etwas weniger. Das letzte Glas bleibt leer. Werden die Gläser mit einer Gabel angeschlagen, gibt es unterschiedliche Töne.
Holzblocktrommel	Zwei Bleistifte gegeneinander schlagen
Pauke	Mit der flachen Hand auf eine Holztischplatte klopfen
Bongo	Sitzfläche von zwei Holzstühlen
Ozean-Trommel	Leere, verschlossene Sprudelflasch, mit etwas Reis

Wie der Riese Riesengroß und der Zwerg Winzigklein Freunde wurden

Kanggeschichte	*Instrument*	*Spielweise*
Vor langer Zeit lebte der Riese Riesengroß im Gebirge. Um ins Tal zu gelangen, musste der Riese nur vier Riesenschritte machen.	Pauke	Mit dem Schlegel 4 x trommeln
Die lauten Schritte des Riesens hörten die Vögel. Aufgeregt flogen sie davon.	Triangel	Heftige kurze Schläge
Ein kleiner Hase hoppelte blitzschnell ins Gebüsch	Holzblock-trommel	Kurze Schläge
und eine kleine Schnecke verkroch sich zielstrebig in ihr Häuschen.	Hand-trommel	Kreisförmig mit den Fingerspitzen reiben
Alle Tiere hatten Angst vor dem Riesen. Nur der Zwerg Winzigklein, der mit acht kleinen Schritten herbei eilte, schien sich nicht zu fürchten.	Bongo	8 x trommeln
Im Tal angekommen, sah der Zwerg Winzigklein, wie der Riese Riesengroß vor lauter Einsamkeit weinte.	Ozean-Trommel	Hin und her bewegen
Der Zwerg wollte dem Riesen helfen und bot ihm deshalb seine Freundschaft an. Vor Freude sprang der Riese einmal in die Luft	Pauke	Mit den Schlegel 1 x trommeln
und der Zwerg machte vier kleine Sprünge.	Bongo	4 x trommeln
Als die Tiere von Ferne sahen, wie der Riese Riesengroß und der Zwerg Winzigklein Freunde wurden, kehrten zuerst die Vögel wieder zurück.	Triangel	Kurze Schläge

Der Hase hoppelte aus dem Gebüsch	Holzblock-trommel	Kurze Schläge
und die Schnecke kroch langsam wieder aus ihrem Häuschen heraus.	Hand-trommel	Kreisförmig mit den Fingerspitzen reiben

Ich sage „Nein"!

Das „Grenzen-Setzen" ist in den letzten Jahren zu einem oft zitierten Begriff geworden, der in der Regel angewendet wird, um Eltern und PädagogInnen zu zeigen, dass sie keinen Laissez-faire-Stil in der Erziehung pflegen sollen und es sinnvoll ist, Kindern klare Strukturen und Regeln vorzugeben.
Kinder selbst brauchen aber ebenfalls diese Fähigkeit, um sich in bestimmten Situationen vor anderen Personen zu schützen. Damit sie selbstbewusst „Nein" sagen und im entscheidenden Moment eine eindeutige Grenze setzen können, müssen Kinder ihre innere Grenze deutlich spüren, ihren Gefühlen und Fähigkeiten vertrauen können. Sie müssen wissen, dass ihr Körper nur ihnen selbst gehört und dass sie sich in bestimmten Situationen auch wehren können.
Um selbstbewusst auftreten zu können, brauchen Kinder auch das Vertrauen und die Sicherheit von Erwachsenen, die sie lieben und zum „Neinsagen" ermutigen. Dazu bietet sich beispielsweise ein Spiegel an, vor dem die Kinder mit entsprechender Mimik und Gestik und entschlossener Stimme „Nein" sagen. Besonders Mädchen, die oft noch so erzogen wurden, dass sie sich gerne beschützen lassen und zurückhaltend reagieren, fällt es schwer in bestimmten Situationen „Nein" zu sagen und sich abzugrenzen.
Aus diesem Grund genügt es nicht, wenn Erwachsene selbstbewusste Verhaltensweisen den Kindern nur vorleben. Zusätzlich braucht es Angebote, bei denen Kinder spielerische Erfahrungen sammeln und an innerer Stärke gewinnen können.
Im folgenden Kapitel sind Übungen und Spiele zusammengestellt, mit denen bereits Jüngere ihre eigenen Grenzen spüren und jeden Tag neu bestimmen können.

Ich rufe laut „NEIN!"

Alter: ab 5 Jahren

Der Kindergruppe werden unterschiedliche Situationen beschrieben, die sie gemeinsam mit einem kräftigen und lauten „NEIN!" beantworten können, zum Beispiel:
1. „Stell dir vor, ein Kind schlägt ein anderes Kind."
Kinder antworten: „Ich rufe laut NEIN!"
2. „Stell dir vor, dein Onkel möchte dich auf den Mund küssen und du möchtest das nicht."
Kinder antworten: „Ich rufe laut NEIN!"
3. „Stell dir vor, eine fremde Frau möchte dich in ihrem Auto mitnehmen."
Kinder antworten: „Ich rufe laut NEIN!"
Die Kinder sprechen über die einzelnen Situationen und die damit verbundenen Gefühle. Danach überlegen sie sich weitere Situationen, denen sie ein entschiedenes „NEIN!" entgegensetzen wollen.

Das leise und das laute Nein

Alter: ab 5 Jahren

Zwei Kinder sind in der Stuhlkreismitte. Während das erste Kind, die Nein-Sagerin, auf einem Stuhl sitzt, geht das zweite Kind um sie herum und bittet sie mitzukommen. Die Nein-Sagerin möchte das nicht und sagt zunächst leise „Nein!". Doch das andere Kind überhört das Nein und versucht es wieder. Nun muss die Nein-Sagerin noch deutlicher werden und ihre Körpersprache einsetzen. Dabei ruft sie nicht nur laut und deutlich „NEIN!", sondern steht auch auf und stampft mit den Füßen auf den Boden. Ignoriert das zweite Kind immer noch das Nein, dann kann das erste aufstehen und die Mitte verlassen.
Danach findet ein Erfahrungsaustausch in der Gruppe statt: War es schwerer jemanden zu überreden oder Nein zu sagen? War es leichter im Sitzen oder im Stehen das Nein zu formulieren? Wie klingt ein leises und ein lautes Nein?

Meine und deine Grenze

Material: Seile
Alter: ab 7 Jahren

Die Kinder gehen paarweise zusammen, holen sich jedes ein Seil, fassen die Seilenden mit den Händen und gehen im Raum spazieren. Indem sie das Seil entweder locker oder angespannt halten, bestimmen sie ihre Grenze. Möchte ein Kind nicht so nah bei dem anderen sein, dann muss es das andere Kind akzeptieren und das Seil ebenfalls angespannt halten. Haben die Kinder ausgiebig die Übung ausprobieren können, dann bilden sie einen Kreis und setzen sich auf den Boden. Die Paare teilen nacheinander der Gruppe mit, wie es ihnen beim gemeinsamen Gehen mit dem Seil ergangen ist.

Grenzen überwinden

Material: 4 Kegel, 2 Bälle
Alter: ab 5 Jahren

Die Kinder kennzeichnen das Spielfeld mit vier Kegeln. Bis auf ein Kind stellen sich alle um das Spielfeld herum und versuchen, das Kind im Spielfeld mit einem der zwei Bälle an einem Bein zu treffen. Trifft der Ball den Oberkörper, dann bleibt es im Spiel. Damit es nicht an den Beinen getroffen wird, muss es blitzschnell reagieren können. Während des Spiels versucht das Kind sich außerhalb des Spielfelds in Sicherheit zu bringen. Das müssen die anderen Kinder verhindern. Gewonnen hat das Kind, wenn es ihm gelingt das Spielfeld zu verlassen.

Natürliche und unnatürliche Grenzen

Material: Fotoapparat, Schere, Kataloge, Zeitschriften
Alter: ab 9 Jahren

Gemeinsam gehen die Kinder auf Entdeckungsreise und suchen in ihrer Umgebung nach natürlichen und unnatürlichen Grenzen, die sie mit einer Sofortbildkamera fotografieren. Darüber hinaus können die Kinder aus Katalogen und Zeitschriften Bilder ausschneiden, die verschiedene Grenzen zeigen.
Nun schauen sich die TeilnehmerInnen alle Bilder aufmerksam an und suchen sich ein Bild heraus, das besonders treffend ihre momentane Grenze gegenüber einer bestimmten Situation und Person beschreibt. Danach setzen sie sich in den Stuhlkreis und berichten nacheinander, warum sie sich beispielsweise eine natürliche Grenze, wie einen Bach, oder eine unnatürliche Grenze, wie einen Zaun, ausgesucht haben. Sie begründen auch, warum es sich um eine starre Grenze, wie einen Felsen, oder eine variable Grenze, wie ein Absperrungsband, handelt.

Grenzen verdeutlichen

Material: Tonpapierstreifen, Kärtchen, Stifte
Alter: ab 9 Jahren

Die Kinder legen mit den Tonpapierstreifen einen Rahmen, so dass ein Quadrat oder Rechteck entsteht. Auf jeweils ein Kärtchen malen oder schreiben sie dann verschiedene Dinge, die sie besonders mögen oder nicht leiden können. Die Dinge, die sie besonders mögen, kommen in das Rechteck. Dinge, von denen sie sich abgrenzen wollen, legen die Kinder außerhalb des Rahmens. Dinge, die sie weder mögen noch besonders leiden können, befinden sich auf dem Rahmen. Danach sehen sich die Kinder nacheinander die entstandenen Werke an und überlegen, ob es Dinge gibt, die alle Kinder besonders mögen oder weniger leiden können.

Fingerspiele, die Mut machen

Ich gebe dir die Hände

Alter: ab 5 Jahren

Hände können viele Sachen machen,
mal zum Weinen und mal zum Lachen.
Eine geballte Faust ist hart und gemein.
Eine ausgestreckte Hand dagegen nie allein.
Kannst du die Hand deiner Nachbarin fühlen,
dann kannst du auch ihre Freundschaft spüren!

Die Kinder sitzen im Stuhlkreis und strecken ihre Arme zur Seite aus. Danach ballen sie ihre Hände zu Fäusten und öffnen sie langsam wieder. Behutsam geben sich die Kinder ihre Hände. Dann stehen sie langsam auf. Indem sie sich an den Händen halten, demonstrieren sie ihre Freundschaft.

Liebe Schnecke, komm heraus!

Material: Tisch
Alter: ab 5 Jahren

Kommt die kleine Schnecke aus dem Häuschen raus,
streckt sie ihre Fühler in die Welt hinaus.
Spürt die warme Sonne, die ins Häuschen lacht.
Riecht die feinen Blätter, die sie essen mag.
Hört die kleine Schnecke die leisen Winde wehen,
dann möchte sie auch morgen aus dem Häuschen gehen.

Die Kinder legen ihre rechte Faust auf den Tisch und strecken ihren Zeigefinger und kleinen Finger aus („die Fühler"). Danach legen sie den Ellenbogen des linken Arms auf den Tisch. Jetzt stellt die Handfläche der linken Hand die Sonne dar, die über der Schnecke scheint. Riecht die Schnecke die feinen Blätter, dann bewegen die Kinder ihre Hand, die „Schnecke", langsam auf der Tischplatte hin und her. Hört die kleine Schnecke die leisen Winde wehen, dann halten die Kinder ihre linke Hand neben das linke Ohr.

Gemeinsam sind wir stark!

Alter: ab 4 Jahren

Eins, zwei, drei,
wir sind nicht dabei.
Vier, fünf, sechs,
suchen sich ein Versteck.
Sieben, acht und neune,
fangen an zu heulen.
Zehn hat sich etwas ausgedacht
und sieh da, alle haben mitgemacht!

Die Kinder schauen auf ihre beiden Handflächen. Sie beginnen mit dem kleinen Finger der rechten Hand, den sie zur Handfläche führen. Auf diese Art und Weise werden alle Finger bis auf den kleinen der linken Hand bewegt. Dieser bleibt in der Ausgangsposition stehen. Zum Schluss werden alle anderen Finger nacheinander wieder ausgestreckt.

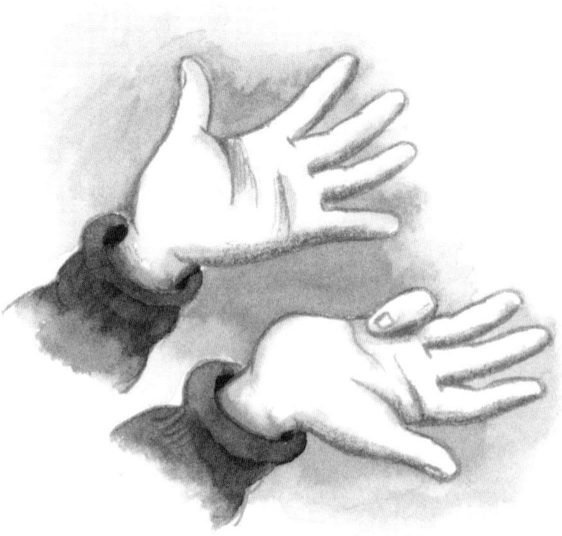

Der Mut des Kleinsten

Alter: ab 5 Jahren

Der erste sagt: „Ich gehe!"
Der zweite kann nichts verstehen.
Der dritte kriegt keinen Ton heraus.
Der vierte hält die Situation nicht aus.
Der kleinste aber, wer hätte es gedacht,
der hat ganz laut seinen Mund aufgemacht.
Die anderen kehrten schnellstens wieder zurück.
Das war für alle fünf ein unfassbares Glück!

Die Kinder strecken ihre Finger aus und beginnen mit dem Daumen, den sie langsam zur Handfläche führen. Bis auf den kleinen Finger führen die Kinder nacheinander die einzelnen Fingern zur Handfläche. Kehren die vier Finger wieder zurück, dann strecken die Kinder alle vier Finger gleichzeitig aus.

Hinweis: Dieses Fingerspiel eignet sich auch sehr gut als Rollenspiel. Dazu stehen fünf Kinder dicht nebeneinander in einer Reihe. Bis auf eins verlassen alle nacheinander die Reihe. Beim vorletzten Satz eilen dann alle vier Kinder wieder herbei und umarmen das verlassene Kind.

Die Kraft der Sonne spüren!

Material: Tisch
Alter: ab 5 Jahren

Es tröpfelt und regnet, gewittert und schneit.
Das Wetter, das Wetter ist immer bereit.
Und geht es dir einmal nicht so gut,
dann denke daran, was die Sonne tut.
Sie scheint in dein Herz hinein
und macht alle Sorgen klein.
Die warmen Sonnenstrahlen, die tun dir gut
und machen dir wieder ganz neuen Mut!

Die Kinder sitzen vor einem Tisch und bewegen die Finger entsprechend dem Text folgendermaßen:

Tröpfeln	Finger klopfen nacheinander leise auf die Tischplatte
Regen	Finger klopfen gleichzeitig und laut auf die Tischplatte
Gewitter	Handflächen ruckartig aneinander vorbei führen
Schnee	Finger klopfen gleichmäßig und ganz sanft auf die Tischplatte
Sonne	Linken Arm senkrecht nach oben heben und die Handfläche zeigen
Herz	Mit dem Zeigefinger der rechten Hand auf das Herz deuten
Neuer Mut	Kinder stehen auf und strecken sich

Sich als Teil der Gruppe erleben

In jeder Gruppe ist die soziale Beziehungsqualität vom herrschenden Gruppenklima abhängig. Ob und wie sich die einzelnen Mitglieder entfalten können, entscheidet die Machtverteilung innerhalb einer Gruppe. Beobachtet man über einen längeren Zeitraum eine Kindergruppe im freien Spiel, dann kann man feststellen, wer ständig das große Wort führt, den Clown spielt oder unauffällig in einer Ecke spielt.
Sollen sich alle Kinder in der Gruppe wohl fühlen, dann müssen sie sich angenommen und dazugehörig fühlen. Damit das gelingt, müssen die Kinder zunächst ihren Platz in der Gruppe finden.
Da bereits im Kindergartenalter erste grundlegende Gruppenerfahrungen gemacht werden, brauchen besonders jüngere und neu hinzu gekommene Kinder den Rückhalt der Erwachsenen. Kinder, die in Geborgenheit und Sicherheit aufgewachsen sind, können meistens schnell in der Gruppe warm werden und ungezwungen Kontakte zu den anderen herstellen.
Spiele, in denen Kinder sich als ein wichtiger Teil eines Ganzen erleben, fördern das Gemeinschafts- und Zugehörigkeitsgefühl innerhalb einer Gruppe. Spielerisch lernen die Kinder unbefangen aufeinander zuzugehen, miteinander zu kommunizieren und sich in der Gruppe einzuordnen. Darüber hinaus haben sie an den Gruppenspielen jede Menge Spaß.

Wir gehören zusammen

Material: ruhige Musik
Alter: ab 3 Jahren

Die Kinder geben sich die Hände und bilden einen Kreis. Im Hintergrund läuft ruhige Musik. Das älteste Kind macht Bewegungen vor, die die anderen nachahmen sollen (beispielsweise auf Zehenspitzen gehen oder sich ganz klein machen). Nach einer Weile bleibt das führende Kind stehen und sammelt als Schlangenkopf die anderen Kinder hinter sich. Die Schlange wird von ihrem Kopf im Raum herumgeführt. Beendet ist die Übung, wenn das Kind stehen bleibt.

Kutschpferde führen

Material: Springseile oder Pferdeleinen, Trommel
Alter: ab 4 Jahren

Ein Kind schlägt die Trommel, die anderen bilden Dreiergruppen und holen sich jeweils zwei Springseile oder zwei Pferdeleinen. Nun wählt jede Gruppe ihren Kutscher und die Pferde aus. Den Pferden wird das Zaumzeug angelegt, der Kutscher hält die Zügel – die Enden des Seils – in den Händen. Stehen alle Kinder verteilt im Raum, dann gibt das Kind mit der Trommel verschiedene Anweisungen, zum Beispiel:
1 x trommeln (Kutschpferde gehen gleichmäßig durch den Raum)
2 x trommeln (Kutschpferde rennen so schnell sie können)
3 x trommeln (Kutschpferde bleiben stehen)

Varianten für Ältere:
Die Kutschpferde gehen paarweise aufeinander zu und begrüßen sich gegenseitig.
Die Kinder lernen verschiedene Gangarten und müssen dann zum Beispiel bei
1 x trommeln traben,
2 x trommeln galoppieren.

Das Joker-Tanzspiel

Material: aktuelle Unterhaltungsmusik, Kärtchen, Stifte
Alter: ab 5 Jahren

Jedes Kind malt auf ein Kärtchen irgendein Motiv oder Muster. Danach bestimmen die Kinder ein Kärtchen als Joker. Anschließend drehen sie ihre Kärtchen um und verteilen sich damit im Raum. Sobald die Tanzmusik erklingt, bewegen sich die Kinder im Raum und tauschen unaufhörlich ihre Kärtchen untereinander aus. Wird die Musik unterbrochen, dann drehen die Kinder das Kärtchen, das sie gerade in der Hand halten, wieder um und schauen nach, ob sie den Joker haben. Sobald die Tanzmusik erneut erklingt, gibt das Kind mit dem Joker die Tanzschritte vor, nach denen sich die Gruppe bewegen muss. Dabei tauschen die Kinder erneut ihre verdeckten Kärtchen miteinander aus.

Wiedererkennen

Material: Tanzmusik, persönliche Dinge der TeilnehmerInnen, Bänder, 2 Kartons
Alter: ab 4 Jahren, ungerade Zahl

Ein Kind bewacht die Gegenstände und steuert die Musik, die anderen bilden zwei gleich große Gruppen. Jede Gruppe erhält Bänder in einer bestimmten Farbe. Bevor das Spiel beginnt, geben die Kinder jeweils einen persönlichen Gegenstand ab. Die Gegenstände der beiden Gruppen werden getrennt voneinander in zwei verschiedene Kartons aufbewahrt.
Danach bewegen sich die Kinder nach dem Rhythmus der Tanzmusik frei im Raum. Stoppt die Tanzmusik, dann bleiben alle Kinder stehen und schauen aufmerksam auf die Hände des Wächters, in denen sich jeweils einer der persönlichen Gegenstände befindet. Erkennen zwei Kinder ihr Eigentum, dann müssen sie sich den Gegenstand so schnell wie möglich holen. Wer als Erster seinen Gegenstand erreicht hat, erhält einen Punkt für seine Mannschaft.

Gemeinsamkeiten entdecken

Material: Glöckchen
Alter: ab 4 Jahren

Ein Kind hat ein Glöckchen, alle anderen bilden einen Kreis. Während die Kinder hintereinander im Kreis gehen, stellt sich das Ton angebende Kind mit seinem Glöckchen in die Kreismitte. Dabei sagt es folgenden Spruch auf:

„Alle Kinder gehen langsam im Kreis und sind dabei ganz leise!
Erklingt das Glöckchen, dann setzen sich alle Kinder hin, die ... (Brillenträger) sind."

Sitzen die betreffenden Kinder auf dem Boden, dann wird die Übung wiederholt. Dieses Mal überlegt sich das Kind eine andere Gemeinsamkeit, die es innerhalb der Gruppe entdecken kann.

Das Verbindungsnetz

Material: Wollknäuel, Zauberstäbe
Alter: ab 7 Jahren

Bis auf zwei Kinder stehen alle im Kreis. Die beiden sind Zauberer und Hexe. Der Zauberer verbindet die Kinder mit dem Faden eines Wollknäuels. Während er den Faden um die Körper wickelt, sagt er einen Zauberspruch auf. Die Hexe entzaubert die Kinder wieder und befreit sie aus ihrem Verbindungsnetz, indem sie den Faden des Wollknäuels langsam wieder aufdröselt. Auch sie murmelt dabei einen Zauberspruch.

Triangel und Trommel

Material: Triangel und Trommel
Alter: ab 8 Jahren, gerade Zahl

Die Kinder teilen sich in zwei gleich große Gruppen ein. Aus jeder Gruppe bekommt ein Kind entweder eine Triangel oder eine Trommel. Bevor die beiden Kinder vor die Türe treten, schauen sie sich ihre Gruppenmitglieder genau an. Danach verteilen sich alle Kinder im Raum und legen sich „schlafend" auf den Boden. Nun betreten Trommel- und Triangelkind wieder den Raum und versuchen ihre Gruppenmitglieder zu finden. Abwechselnd lassen sie ihr Instrument leise am Ohr der vermuteten Gruppenmitglieder erklingen. Konnte ein Kind identifiziert werden, dann steht es auf und geht hinter dem spielenden Kind her. Erklingt das Instrument am Ohr eines Kindes, das zu der anderen Gruppe gehört, muss das Kind mit seinem Instrument einmal aussetzen. Gewonnen hat das Kind, das am schnellsten seine Gruppenmitglieder wecken konnte.

Rhythmus wechseln

Material: Rasseln oder verschlossene Gläser, die mit Erbsen gefüllt sind
Alter: ab 7 Jahren

Die Kinder stehen mit ihren Rasseln im Kreis und stellen zueinander einen Blickkontakt her. Anschließend beginnt ein Kind und spielt mit seiner Rassel einen beliebigen Rhythmus vor. Aufmerksam und konzentriert hören die anderen Kinder zu. Sie warten ab, bis das Kind einem anderen aus der Gruppe zublinzelt, mit dem Spielen aufhört und sich auf den Boden setzt. Nun beginnt das zweite Kind einen neuen Rhythmus zu spielen und alle hören wieder aufmerksam zu. Das Spiel ist beendet, wenn sich ein Rhythmus wiederholt oder wenn alle Kinder jeweils einen neuen Rhythmus finden konnten.

Wünsche gestalten

Die ständig wachsenden Ansprüche unserer Konsumgesellschaft beeinflussen auch das Denken und Handeln unserer Kinder. Viele wollen nur noch die Spielconsole oder das T-Shirt einer ganz bestimmten Marke, die sie in der Werbung oder bei Freunden gesehen haben. Kinder haben meistens noch keine Vorstellung vom Wert verschiedener Gebrauchsgüter, aber sie merken sehr schnell, ob sie mit dem richtigen T-Shirt und der angesagten Baseballmütze Anerkennung bei Gleichaltrigen finden. Da gehört schon einiges an Selbstbewusstsein dazu, sich gegen Konsumterror abzusetzen und vielleicht No-Name-Turnschuhe beim nächsten Basketballspiel zu tragen. Eltern sollten darauf achten, dass sie ihren Kindern möglichst früh Taschengeld geben, das sie sich selbst einteilen müssen. Und sie sollten natürlich Vorbild sein! Eltern, die selbst ihr Geld nicht zusammenhalten können, dürfen von ihrem Kind keinen selbstbestimmten Umgang mit seinen Bedürfnissen erwarten.

Oft stecken hinter den materiellen Wünschen ganz andere Bedürfnisse, beispielsweise nach Anerkennung und Aufmerksamkeit. Bleiben diese Bedürfnisse ständig unbeachtet, dann wird eine Art Ersatzbefriedigung im Konsum gesucht. Damit aber Kinder zu kritischen und selbstbewussten Verbrauchern werden, müssen sie frühzeitig ihre eigentlichen Bedürfnisse wahrnehmen und ausdrücken lernen. Am besten durch bildnerisches Gestalten, bei dem Kinder sich mit ihren Wünschen kreativ auseinandersetzen, mit den unterschiedlichen Materialien umgehen und ihre Wünsche mit allen Sinnen gestalten lernen. Dabei können die Kinder erkennen, dass es auch Wünsche gibt, die einfach nur geträumt werden.

Drei Wünsche malen

Material: Malpapier, Bleistift, Lineal, Wachsmalstifte
Alter: ab 5 Jahren

Die Kinder sitzen an einem Tisch und teilen ihr Malpaier mit jeweils zwei senkrechten Strichen in drei unterschiedlich große Felder ein. Dabei achten sie darauf, dass die erste Spalte am größten und die dritte am kleinsten ist. Danach überlegt sich jedes Kind drei Wünsche. In die linke Spalte malen die Kinder ihren ersten Wunsch, in die mittlere ihren zweiten und in die kleinste Spalte ihren dritten Wunsch. Sind die Bilder fertig, bilden die Kinder einen Stuhlkreis und stellen nacheinander ihre drei Favoriten vor. Haben alle ihre Bilder gezeigt, dann überlegt sich die Gruppe, ob es bestimmte Wünsche gibt, die für mehrere Kinder zutreffen.

Traumhafte Spielwiese

Material: große Papierrolle, Klebeband, Wachsmalkreide, U-Musik, Musik zum Träumen, Triangel oder Gong
Alter: ab 5 Jahren

Die Kinder legen eine große Papierrolle auf den Boden und befestigen sie mit Klebeband. Für jedes Kind liegt eine Kreide auf der Papierrolle. Erklingt die Tanzmusik, dann bewegen sich die Kinder um die Papierrolle herum. Wenn die Musik stoppt, nimmt jedes Kind eine Kreide und malt den Umriss seiner linken Hand. Die Musik läuft weiter und die Kinder bewegen sich wieder im Rhythmus. Bei jedem Durchgang werden bis zu zwei Wachsmalkreiden entfernt. Sieger ist das Kind, das als letztes noch eine Kreide finden konnte. Danach setzen sich alle

wieder um die Papierrolle herum und betrachten die gezeichneten Hände. Danach erhalten die Kinder die Aufgabe eine Spielweise zu malen. Dazu kann ruhige Musik, eventuell mit Naturgeräuschen, eingesetzt werden. Beim Malen sollen die Kinder die Umrisse der Hände fantasievoll einbeziehen. Aus den Umrissen können Blumen, Kletterbäume, Schmetterlinge und Käfer entstehen. Nach fünf Minuten erklingt die Triangel oder der Gong. Nun wechseln die Kinder ihre Plätze und malen an einer anderen Stelle weiter. Sobald alle Handumrisse in ihrer ursprünglichen Form nicht mehr zu erkennen sind, ist das Gemeinschaftsbild fertiggestellt.

Wünsche darstellen

Material: Schere, Klebstoff, Pinsel, Becher, Malkittel, Zeitungen, Cromar- oder Wasserfarben, Verpackungsmaterial, Stoff-und Krepppapiereste etc.
Alter: ab 6 Jahren

Die Kinder ziehen ihren Malkittel an und setzen sich an einen Tisch, auf dem sich verschiedene Materialien befinden. Nun überlegt sich jedes Kind einen Wunsch, den es gerne darstellen möchte. Handelt es sich dabei um einen immateriellen Wunsch, dann überlegt sich das Kind ein entsprechendes Symbol. Sobald die Kunstwerke fertig sind, werden sie nacheinander vorgestellt. Die besondere Aufgabe der Gruppe besteht darin, die Gründe für den jeweiligen dargestellten Wunsch herauszufinden.

Variante: Aus Verpackungsmaterial oder Ton fertigt die Gruppe ihren „Traumgarten", beziehungsweise „Traumschulhof" an. Danach wird den Kindern Gelegenheit gegeben, sich über ihre Wunschvorstellungen zu unterhalten. Was ist uns für den Garten, beziehungsweise Schulhof besonders wichtig? Welche Dinge lassen sich kostengünstig verwirklichen? Welche Hilfen werden für das Vorhaben benötigt?

Collage mit Wünschen

Material: Plakate, Schere, Klebstoff, Illustrierte, Kataloge, Urlaubsprospekte etc.
Alter: ab 8 Jahren

Jeweils vier Kinder bilden eine Gruppe und holen sich verschiedene Materialien, die sie für zwei gemeinsame Collagen brauchen. Danach teilen sie sich gegenseitig ihre Wünsche mit. Haben alle vier Kinder den gleichen Wunsch, dann suchen sie sich aus den Vorlagen ein Bild heraus, das den Gruppenwunsch verdeutlicht. Die Kinder unterscheiden materielle und immaterielle Wünsche und kleben die Bilder auf den entsprechenden Plakaten auf. Finden die Kinder kein entsprechendes Bild, dann schreiben sie ihren Wunsch auf. Anschließend stellt jede Gruppe ihre Wünsche den anderen Kindern vor. Dabei kontrollieren sie, ob sich mehr gemeinsame materielle oder immaterielle Wünsche auf den Plakaten befinden. Die Gruppen teilen ihre Gründe für ihre Wünsche mit und hängen ihre Collagen im Gruppenraum auf.

Variante: Die Gruppen schneiden die Wünsche, welche alle Kinder haben, aus den Plakaten heraus und gestalten damit zwei neue Collagen.

Wie ich gerne sein möchte

Material: Papier, großer Teller, Stifte, Klebstoff, Schere, verschiedene Materialien wie Stoffe, Wolle, Filz, Goldpapier, Alufolie
Alter: ab 7 Jahren

Jedes Kind legt einen Teller auf ein weißes Papier und zeichnet den Umriss ab. Danach überlegen sich die Kinder verschiedene positive Eigenschaften, die sie bereits haben oder gerne besitzen möchten. Um die Wunschvorstellung künstlerisch zu gestalten, müssen die Kinder die Eigenschaften verschiedener Materialien, wie beispielsweise weich – hart, warm – kalt, leicht – schwer, kennen und unterscheiden können. Danach kleben sie die Materialien mit den entsprechenden Eigenschaften in den Kreis hinein. Im Stuhlkreis zeigen die Kinder ihre Werke mit den besonderen Eigenschaften.

Variante für Ältere: Die Kinder legen sich nacheinander auf ein großes Papier und zeichnen die Körperumrisse nach. Die Materialien mit den besonderen Eigenschaften sortieren die Kinder aus. Danach kleben sie sie an die entsprechenden Körperstellen, die diese besondere Eigenschaft besitzen sollen. Anschließend findet ein Erfahrungsaus-

tausch in der Gruppe statt. Gibt es Körperstellen, die eine besondere Eigenschaft haben müssen? Welche Eigenschaften sind allen Gruppenmitgliedern wichtig? Ist es erstrebenswert, wenn wir alle die gleichen Eigenschaften besitzen? Gibt es den perfekten Menschen?

Wünsche ordnen

Material: Malpapier, Malkittel, Wasserfarben, Pinsel, Becher, Stifte
Alter: ab 8 Jahren

Die Kinder ziehen ihren Malkittel an und holen sich sämtliche Dinge, die sie zum Malen mit Wasserfarben brauchen. Nun malt jedes Kind eine Hand mit Wasserfarben an und macht einen Handabdruck auf das Papier. Anschließend waschen die Kinder ihre Hände und überlegen sich maximal fünf Wünsche, die sie der Reihenfolge nach an jede Fingerspitze schreiben. Sind die Werke fertiggestellt, dann stellen die Kinder nacheinander ihre Wünsche vor, die ihnen besonders wichtig sind.

Variante für Ältere: Die Kinder machen zwei Handabdrücke aus Gips. Auf die Finger der einen Hand schreiben sie ihre materiellen und auf die Finger der anderen Hand ihre immateriellen Wünsche auf. Danach berichten sie der Gruppe, ob ihnen die Wünsche der rechten oder der linken Hand wichtiger sind.

Wunschtüten basteln

Material: Kärtchen, Wachsmalkreide, Klebeband, kleine Papiertüten, Körbchen
Alter: ab 8 Jahren

Jedes Kind holt sich ein Kärtchen und malt, beziehungsweise schreibt einen Wunsch auf, den es von einzelnen Gruppenmitgliedern oder der Gruppe erfüllt bekommen möchte. Anschließend legen die Kinder ihre Kärtchen mit den Wünschen in jeweils eine Papiertüte hinein. Die Tüten werden mit Klebeband verschlossen und in einen Korb gelegt. Anschließend setzen sich die Kinder in den Stuhlkreis. Nun darf jeden Tag ein Kind eine Wunschtüte aus dem Korb heraus holen und öffnen. Danach stellt das Kind den Wunsch der Gruppe vor. Dabei überlegt sich die Gruppe, für wen dieser Wunsch bestimmt sein könnte. Anschließend gibt sich das Kind, welches das Kärtchen angefertigt hat, zu erkennen und teilt die Gründe für seinen Wunsch mit. Die beiden Kinder überlegen sich gemeinsam, ob der Wunsch erfüllt werden kann.

Wunschwürfel

Material: Schaumstoffwürfel, Schere, Klebefolie, Malpapier, Wachsmalkreide
Alter: ab 6 Jahren

Die Kinder überlegen sich sechs verschiedene Wünsche – zum Beispiel ein gemeinsames Spiel spielen, Lied singen – und legen gemeinsam fest, wie solche Wünsche in einem Symbol ausgedrückt werden könnten. Die Symbole werden aufgemalt, ausgeschnitten und auf die Seiten des Würfels mit Klebefolie geklebt. Nun kann der Wunschwürfel im Stuhlkreis eingesetzt werden. Dazu wählt die Gruppe ein Kind aus, das mit dem Wunschwürfel würfelt. Sobald ein Symbol erscheint, erfüllen sich die Kinder gemeinsam den Wunsch. Das Spiel wird täglich wiederholt. Nach zwei Wochen unterhalten sich die Kinder darüber, ob und warum vielleicht schon neue Wünsche in der Gruppe bestehen. Vielleicht wird dann ein neuer Wunschwürfel gebastelt.

Dampf ablassen

Im Alltag der Kinder können Konflikte entstehen, die sie für ihre Persönlichkeitsentwicklung brauchen. Beobachten wir Kinder, die sich in einem Konflikt befinden, dann müssen wir also entscheiden, ob wir eingreifen sollen oder nicht. Dabei können die Motive, die unserer Entscheidung zugrunde liegen, sehr unterschiedlich sein. Vertrauen wir darauf, dass beispielsweise zwei Kinder ihre Auseinandersetzung alleine regeln können, dann werden wir uns zurückhalten. Vielleicht ist uns die Situation aber auch unangenehm oder wir überlegen uns, dass es gerade diesem Jungen gut tut, wenn er einmal in seine Schranken gewiesen wird, wo er doch ständig das große Wort führt. Umgekehrt können natürlich auch ganz persönliche Motive eine Rolle dabei spielen, dass wir gerade diesen Konflikt in dieser Situation unbedingt beenden wollen. Vor allem jüngere und neu dazugekommene Kinder, die im Umgang mit der Gruppe, beziehungsweise Klasse noch zu wenig oder keine Erfahrungen sammeln konnten, fühlen sich schnell überfordert und alleine gelassen. Sie brauchen, um ihre Ängste und Unsicherheiten überwinden zu können, noch eher die Unterstützung von Erwachsenen. Aber auch Kinder, die von klein auf im Mittelpunkt der Familie stehen, können sich im Umgang mit anderen Kindern überfordert fühlen. Meistens haben solche kleinen „Herrscher", die nahezu jeden Wunsch erfüllt bekommen, Schwierigkeiten sich in bestimmten Situationen zurückzunehmen. Läuft etwas nicht nach ihrem Kopf, dann reagieren sie schnell aggressiv oder gewalttätig. Dadurch, dass die betreffenden Kinder schwer Niederlagen ertragen können, werden sie häufig zu Spielverderbern und Außenseitern innerhalb der Gruppe oder Klasse.

Die folgenden Übungen und Spiele zur Konfliktbewältigung helfen Kindern, sich bewusst mit verschiedenen Konfliktsituationen auseinander zu setzen und dabei das eigene Verhalten zu reflektieren. Spielerisch werden angemessene Verhaltensweisen gefördert, die Kinder befähigen zukünftige Konfliktsituationen besser zu regeln.

Sportlicher Zweikampf

Material: Weichbodenmatte, Gong oder Triangel
Alter: ab 4 Jahren

Streiten sich zwei Kinder oder möchten sie ihre Kräfte miteinander messen, dann eignet sich diese Übung. Eine Weichbodenmatte wird in die Mitte des Raumes gelegt. Um die Matte herum dürfen keine spitzen und scharfen Gegenstände liegen. Nachdem alles überprüft wurde, ziehen die Kinder ihre Schuhe aus und vereinbaren die Regeln für den sportlichen Zweikampf. Dabei ist grundsätzlich nicht erlaubt sich gegenseitig zu schlagen, zu treten, zu beißen oder zu kratzen. Wer die Regeln missachtet, hat den Kampf sofort verloren. Kennen die Kinder die Regeln, dann dürfen sie paarweise auf die Weichbodenmatte treten. Dabei ist darauf zu achten, dass die Gegner möglichst gleich stark sind. Erklingt der Gong, dann kann die erste Runde beginnen. Gewonnen hat, wer zuerst auf dem anderen sitzt.

Auf der Straße ist was los!

Material: Tennisringe oder Gymnastikreifen, Trommel
Alter: ab 5 Jahren

Während sich ein Kind eine Trommel holt, nehmen sich alle anderen Kinder jeweils einen Tennisring oder Reifen. Sie spielen Autofahrer, die auf der Straße unterwegs sind. Das Trommelkind, das aufmerksam den Verkehr beobachtet, gibt mit seinem Instrument die Geschwindigkeit vor. Dabei können folgende akustische Zeichen vereinbart werden:

1x trommeln	=	Schrittgeschwindigkeit	=	Kinder bewegen sich langsam
2x trommeln	=	Fahren in der Ortschaft	=	Kinder gehen
3x trommeln	=	Fahren auf der Landstraße	=	Kinder gehen schneller
4x trommeln	=	Fahren auf der Autobahn	=	Kinder laufen
5x trommeln	=	Auto hält an	=	Kinder bleiben stehen

Bei jeder Fahrtgeschwindigkeit müssen die Kinder auch versuchen untereinander Blickkontakt herzustellen. Damit es keinen Unfall gibt, müssen sie rechtzeitig ausweichen können. Besonders aufmerksam und konzentriert müssen sie sein, wenn sie bewusst aufeinander zu gehen und erst in der letzten Sekunde ausweichen.

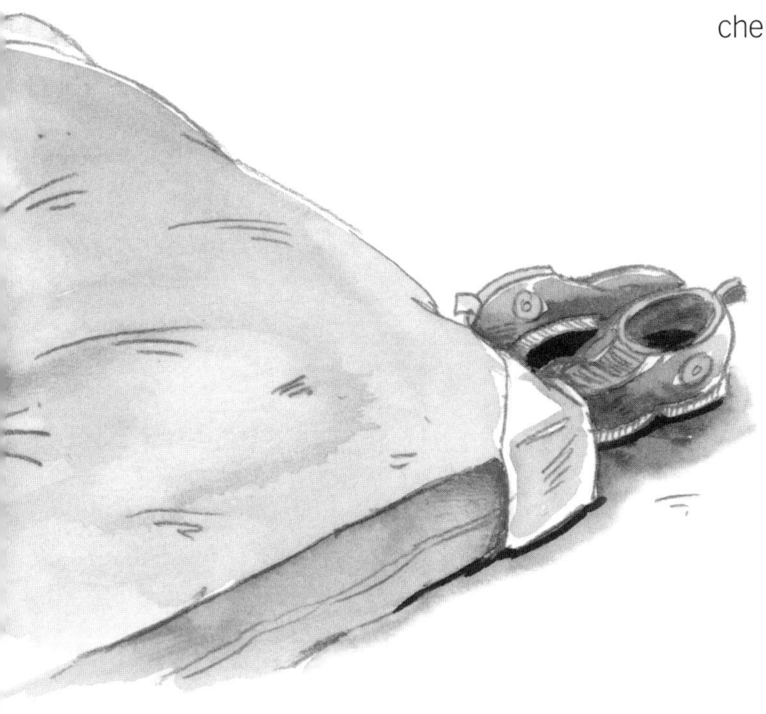

Dampf ablassen

Material: Zeitungen, leere Dosen, Kartons, Kochlöffel etc.
Alter: ab 6 Jahren

Kinder, die wütend und verärgert sind, müssen auch Gelegenheit haben „Dampf" abzulassen. Dazu sammeln sie verschiedene Materialien, die sie auf einen Tisch stellen. Um den Tisch herum bilden die Kinder einen Stuhlkreis. Wer sich über eine bestimmte Person oder Sache geärgert hat, darf nun vor den Tisch treten und seinen „Dampf" ablassen. Dazu schlagen die Kinder beispielsweise mit dem Kochlöffel auf eine Dose oder zerknüllen die Zeitung. Anschließend sprechen sie über ihre Wut und versuchen verschiedene Wege zu finden, wie sie im Alltag damit am besten umgehen können.

Das gehört mir!

Material: persönliche Gegenstände
Alter: ab 7 Jahren

Die Kinder sitzen im Stuhlkreis. Vor ihnen liegen persönliche Gegenstände. Nun beginnt ein Kind und nimmt sich einen Gegenstand weg. Daraufhin muss der Besitzer reagieren und versuchen den Gegenstand wieder zurück zu bekommen. Dabei besteht die besondere Aufgabe darin, dass die Kinder weder schimpfen noch schlagen dürfen. Gibt es andere Möglichkeiten seine Sachen wiederzubekommen? Wie können Anliegen formuliert werden? Das sind Fragen, mit denen sich die Gruppe auseinandersetzen sollte.

Zwei heiße Stühle

Material: Stühle, Stoppuhr, Papier, Stifte
Alter: ab 7 Jahren

Die Übung „Zwei heiße Stühle" ist für Kinder geeignet, die ihre Auseinandersetzung nicht alleine regeln können. Dazu werden in die Mitte drei Stühle nebeneinander gestellt. In der Mitte sitzt der Streitschlichter, links und rechts davon die beiden Kampfhähne. Nun bekommt jedes Kind eine Minute Redezeit, um seine Anliegen vorzutragen. Während dieser Zeit darf es nicht unterbrochen werden. Haben die Kontrahenten ihre Sichtweise erläutert, versuchen sie mit Unterstützung des Schlichters und der Gruppe eine Einigung zu finden. Sind beide Parteien mit den Vereinbarungen einverstanden, dann wird ein Vertrag aufgesetzt, den die Kinder unterschreiben. Nach einer Woche wird überprüft, ob die Vertragsbedingungen eingehalten werden konnten.

Wie ich mich schützen kann

Alter: ab 5 Jahren

Befinden sich alle Kinder im Stuhlkreis, dann beginnt die erste Spielrunde. Das älteste Kind eröffnet die Runde, indem es zu der Gruppe beispielsweise „Feuer" sagt. Nun müssen sich die Kinder überlegen, wie sie sich vor Feuer schützen können. Wer als Erster das Wort „Wasser" rufen kann, überlegt sich dann ein weiteres Wort. Auf diese Art und Weise kann die erste Spielrunde beliebig lange fortgesetzt werden. Nachdem die Kinder erfahren haben, dass sie nicht jeder Situation hilflos ausgesetzt sind, beginnt die zweite Spielrunde. Im Gegensatz zur ersten werden jetzt verschiedene Szenen beschrieben, die die Kinder sich vorstellen müssen. Dabei kann beispielsweise folgende Frage gestellt werden: „Was würdest du tun, wenn dich jemand gegen deinen Willen festhält?" Nun müssen die Kinder beschreiben, wie sie sich wehren.

Wenn der Vulkan ausbricht ...

Material: Papier und Stifte
Alter: ab 8 Jahren

Kinder malen einen Feuer speienden Vulkan und schreiben in den Vulkan Situationen, die sie wütend machen. Die aus dem Krater geschleuderten Gase, Gesteinsbrocken und das flüssige Lava sollen die Gefühlsäußerungen darstellen, die in bestimmten Situationen auftreten und auch von anderen Personen offensichtlich wahrgenommen werden können. Anschließend betrachten die Kinder ihre Vulkane. Dabei suchen sie nach Möglichkeiten, um den Ausbruch des Vulkans, beziehungsweise ihrer Gefühle rechtzeitig wahrnehmen zu können. Darüber hinaus denken sie auch darüber nach, ob es Verhaltensmuster gibt, die verstärkt in bestimmten Situationen auftreten.

Konflikte konstruktiv bewältigen

Alter: ab 8 Jahren

Die Kinder sitzen im Stuhlkreis und sollen sich Fähigkeiten überlegen, die sie brauchen, um einen Konflikt konstruktiv regeln zu können. Dazu stellen sie sich zunächst eine Auseinandersetzung vor, die sie verbal meistern müssen. Danach beginnt ein Kind die Übung und sagt beispielsweise: „Um einen Konflikt regeln zu können, muss ich ruhig bleiben ..."
Das nächste Kind wiederholt den Satz und fügt eine weitere Fähigkeit hinzu, beispielsweise ...gut zuhören". Dies wird solange fortgesetzt, bis mindestens sechs verschiedene Fähigkeiten für die Bewältigung eines Konflikts gefunden werden konnten.

Kummerkasten leeren

Material: Kummerkasten (Schuhkarton), Papier, Stifte, Körbchen
Alter: ab 8 Jahren

Im Flur der Einrichtung befindet sich ein Kummerkasten, in den die Kinder Zettel mit ihren Problemen und Wünschen werfen. Die Zettel können anonym oder mit Namen versehen sein. Nach einer Woche wird der Kummerkasten geleert. Dazu setzen sich alle in den Stuhlkreis. Danach liest ein Kind nacheinander die Anliegen, welche sich auf den Zetteln befinden, vor. Die Gruppe überlegt, ob und in welcher Form auf die einzelnen Anliegen eingegangen werden kann. Anschließend nehmen die Kinder zu jedem Schreiben schriftlich Stellung. Das jeweilige Antwortschreiben befindet sich dann auf der Rückseite des vorgelesenen Zettels, und kann vom betreffenden Kind aus einem Körbchen herausgeholt werden.

Entscheidungen treffen

Material: Seile, Papier und Stifte
Alter: ab 9 Jahren

Die Kinder teilen sich in Gruppen zu jeweils vier bis sechs Kindern. Danach holt sich jede Gruppe zwei Seile, Stifte und Papier. Nun überlegen sie sich eine Konfliktsituation und vier verschiedene Lösungsmöglichkeiten und schreiben eine davon auf. Anschließend sucht sich jede Gruppe einen Platz im Raum. Danach bilden die Gruppen mit den beiden Seilen ein Kreuz. In die Mitte legen die Kinder ihre Konfliktsituation und an den Seilenden jeweils eine Lösungsmöglichkeit. Nun beginnt eine Gruppe und bittet die anderen Kinder einen Kreis um ihr Kreuz zu bilden. Stehen alle im Kreis, dann liest die Gruppe laut ihre Konfliktsituation und die entsprechenden vier Lösungsmöglichkeiten vor. Jetzt müssen die Kinder sich für eine Möglichkeit entscheiden und sich zu dem entsprechenden Seilende stellen. Nacheinander teilen sie ihre Entscheidung den Gruppen mit. Sind die Kinder mit keiner Lösungsmöglichkeit einverstanden, dann bleiben sie im Kreis stehen und berichten der Gruppe, wie sie den Konflikt bewältigen würden. Danach stellt eine weitere Gruppe eine neue Konfliktsituation vor.

Was ich gerne möchte

Material: Papier, Stifte, Decken
Alter: ab 9 Jahren

Die Kinder setzen sich paarweise auf eine Decke. Danach sollen sie sich eine Situation vorstellen, in der sie unterschiedliche Meinungen vertreten. Damit es nicht zu einer „handfesten" Auseinandersetzung kommt, müssen sich die Kinder überlegen, wie sie von ihrem Gegenüber in der Diskussion behandelt werden möchten. Danach versuchen sie ihr Anliegen schriftlich zu formulieren und in einzelne Punkte zu unterteilen. Anschließend tauschen die Kinder ihre Zettel miteinander aus. Dabei haken sie sämtliche Punkte ab, von denen sie überzeugt sind, dass diese in die Praxis umgesetzt werden können. Glauben die Kinder, dass manche Forderungen nicht erfüllt werden können, müssen sie noch einmal über die betreffenden Punkte reden und gegebenenfalls neue Vereinbarungen finden.

Das gute Ende finden

Material: Bildergeschichte mit einem offenen Ende
Alter: ab 9 Jahren

Die Kinder teilen sich in gleich große Gruppen ein. Danach erhält jede Gruppe eine Bildergeschichte, welche beispielsweise zwei Kinder zeigt, die dasselbe Spielzeug haben möchten. Die Kinder versuchen zunächst ihren Konflikt verbal zu regeln. Da von den Kindern keiner bereit ist auf das Spielzeug zu verzichten, muss eine Lösung gefunden werden. In der Gruppe überlegen sich die Kinder, wie der Konflikt friedlich gelöst werden kann. Dazu schreiben sie verschiedene Möglichkeiten auf, die zu einem guten Ende führen. Anschließend treffen sich die Gruppen im Plenum. Nacheinander stellen sie ihre Vorschläge vor.

Das kann ich schon ganz allein!

Wollen Sie Kinder auf ihrem Weg zur Selbständigkeit begleiten? Dann dürfen Sie ihre Fähigkeiten nicht ständig in Frage stellen. Vielmehr müssen Sie ihnen Gelegenheiten geben, damit sie ihre Fähigkeiten entdecken können. Die Kinder sollten von kleinauf spüren, dass ihnen auch etwas zugetraut wird.
Erleben Kinder aber, dass Erwachsene übertrieben unsicher und ängstlich sind, dann werden die eigenen Fähigkeiten kaum entdeckt und (weiter-)entwickelt. Meistens reagieren diese Kinder, vor allem in unbekannten Situationen, ebenfalls unsicher und ängstlich.
Kinder, die zu selbständigen Persönlichkeiten heranwachsen sollen, müssen sich die Welt selbst erobern können. Dabei werden sie sicher auch unangenehme Erfahrungen machen, die aber zum Leben gehören.
Bei den folgenden Anregungen zur Bewältigung von Alltagssituationen lernen Kinder selbständig zu denken, zu handeln und Verantwortung zu übernehmen. In der Gruppe üben die Kinder auch einander zuzuhören, eigene Ideen mitzuteilen, Wünsche zu formulieren, miteinander zu reden und Kritik zu äußern. Sie lernen, sich auf alltägliche Situationen einzulassen und sich angemessen zu verhalten. Darüber hinaus können sie auch jede Menge eigene Fähigkeiten entdecken und (weiter-)entwickeln.

Sich dem Wetter anpassen

Material: verschiedene Kleidungsstücke
Alter: ab 4 Jahren

Die Kinder befinden sich im Stuhlkreis. In der Mitte liegen ein Regenschirm, ein Regenmantel, ein Sonnenhut, eine Winterjacke, Handschuhe etc., die von den Kindern erkannt und benannt werden müssen.
Nun beginnt ein Kind und tritt als Nachrichtensprecher auf, der eine Wettervorhersage für die nächsten Tage macht.
Ein anderes Kind soll die passenden Kleidungsstücke für das vorhergesagte Wetter heraussuchen. Hat es seine Wahl getroffen, dann muss die Gruppe entscheiden, ob das Kind richtig liegt.
Danach wird das Spiel mit zwei anderen Kindern und einer anderen Wettervorhersage fortgesetzt.

Verantwortung für Lebewesen übernehmen

Material: Pflanzen oder Tiere
Alter: ab 5 Jahren

Im Gruppen- oder Klassenraum gibt es verschiedene Zimmerpflanzen und ein Aquarium. Jedes Kind muss entweder eine Pflanze oder die Fische im Aquarium versorgen. Damit die Kinder nichts falsch machen, tauschen sie im Stuhlkreis ihr Wissen über die jeweiligen Pflanzen- und Fischarten aus. Anschließend geben die PädagogInnen zusätzliche Informationen. Danach verteilen die Kinder untereinander ihre Aufgaben. Im Stuhlkreis wird täglich berichtet.

Haushaltshilfe

Material: Kassettenrekorder, verschiedene Utensilien, um Ordnung zu halten
Alter: ab 5 Jahren

Die Kinder überlegen sich gemeinsam, welche hauswirtschaftliche Aufgaben in der Gruppe, beziehungsweise Klasse täglich zu bewältigen sind. Dazu können sie auch die Reinigungskräfte interviewen und die Aussagen auf einem Kassettenrekorder aufnehmen. Danach zählen die Kinder Aufgaben auf, die sie selber ausführen können. Die verschiedenen Aufgaben, wie den Tisch abräumen, den Boden kehren, leere Dosen und Bäckertüten im Garten oder im Pausenhof aufsammeln, werden untereinander aufgeteilt. Wöchentlich wechseln die Kinder ihre Aufgaben und besprechen gemeinsam, ob und wie sie die gestellten Aufgaben selbständig erledigen konnten.

Sich gegenseitig helfen

Alter: ab 5 Jahren

Bevor die Kinder nach Hause gehen oder sich für eine Sportstunde umziehen, werden sie darauf hingewiesen, dass sie sich gegenseitig beim An- oder Umziehen helfen sollen. Dabei muss jeder, der Unterstützung von einem anderen Kind braucht, selbst um Hilfe bitten.

Patenschaften übernehmen

Alter: ab 6 Jahren

Ältere Kinder im Kindergarten oder in der Klasse übernehmen Patenschaften für Jüngere oder Neulinge. Die Aufgabe der Paten besteht hauptsächlich darin, für ihre Patenkinder da zu sein und ihnen beispielsweise die Einrichtung, beziehungsweise Schule zu zeigen.
Die Paten erklären den Patenkindern auch Regeln und Rituale, die für die Gruppe, beziehungsweise Klasse bedeutend sind. Darüber hinaus können sie auch dabei helfen, Anschluss in der Gruppe beziehungsweise Klasse zu bekommen. Haben sich die Patenkinder eingewöhnt, dann werden die Patenschaften allmählich wieder abgegeben.

Wie ich mir selber helfen kann

Material: Telefon
Alter: ab 5 Jahren

Bereits jüngere Kinder sollten ihren Namen und ihre Adresse auswendig wissen. Vorschulkinder, die mindestens bis zehn zählen können, sollten nicht nur ihre eigene Rufnummer beherrschen, sondern auch lebensrettende Rufnummern, wie die der Polizei (Tel. 110), der Feuerwehr (Tel. 112) oder die des Rettungsdiensts (Tel. 19222) kennen. Die eigene Rufnummer zu wählen sollten die Kinder nicht nur auf einem Spieltelefon, sondern nach Möglichkeit auch in einer öffentlichen Telefonzelle einüben. Dabei ist aber der jeweilige Gesprächspartner vorher zu informieren.

Kinder aktiv im Alltag einbeziehen

Alter: ab 6 Jahren

Kinder sind selbständig denkende Menschen, deren Anliegen, Wünsche und Bedürfnisse respektiert und ernst genommen werden müssen. Aus diesem Grund finden in vielen Tageseinrichtungen und Schulen regelmäßige Zusammenkünfte statt, bei denen Kinder nicht nur ihre individuellen Erlebnisse und Erfahrungen aufarbeiten können, sondern auch aktiv bei der Planung ihres Kindergarten- und Schulalltags mitmachen.
Kinder, die in alltäglichen Entscheidungen, wie beispielsweise bei der Gestaltung des Gruppenraums oder Klassenzimmers, bei der Bestellung des Spielmaterials, bei den Vorbereitungen von Festivitäten und bei der Vereinbarung von sozialen Regeln einbezogen werden, erleben, dass ihre Meinung respektiert wird und sie Entscheidungen konkret beeinflussen können. Darüber hinaus lernen die Kinder miteinander zu diskutieren, Entscheidungen demokratisch zu treffen und diese auch zu akzeptieren.

Erste-Hilfe-Maßnahmen

Material: Hausapotheke
Alter: ab 7 Jahren

Der ungebremste Bewegungsdrang der Kinder kann auch kleinere und größere Verletzungen mit sich bringen. Damit sie kleine Wunden selbständig versorgen können, müssen sie wissen, wo sich die Hausapotheke mit dem Vorrat an Verbandsmaterial befindet. Wird mit den Kindern ein kleiner Erste-Hilfe-Kurs durchgeführt, dann wissen sie, wie sie sich in einer Unfallsituation verhalten müssen. Dabei üben die Kinder auch ruhig zu bleiben und selbständig Hilfe zu holen.
Zu wissen, wie ich mich angemessen am Unfallort verhalte, gibt mir nicht nur Selbstbewusstsein, sondern kann auch Leben retten.

Wo ich wohne

Alter: ab 6 Jahren

Ein Kind führt die Gruppe beziehungsweise Klasse nach Hause. Dazu stellt es sich mit einer PädagogIn in die vorderste Reihe und versammelt die anderen Kinder paarweise hinter sich. Auf dem Weg nach Hause muss das Kind vor allem den Straßenverkehr beachten und rechtzeitig Anweisungen geben. Die anderen folgen aufmerksam und überprüfen, ob das Kind sich richtig verhalten hat.
Hinweis: Diese Übung sollte mit jüngeren Kindern nur im Wohngebiet und nicht in der Stadt durchgeführt werden. Je nach Anzahl der Kinder braucht es mehr Personal. Ein Verkehrswege-Suchspiel wird in dem Buch von Peter Schneller/Klaus W. Hoffmann vorgestellt (s. Literaturverzeichnis).

Kritische Verbraucher

Material: 1 teures und 1 billigeres Fruchtsaftgetränk, 2 Gläser
Alter: ab 6 Jahren

Damit Kinder nicht hilflos dem Konsum ausgesetzt sind, müssen sie lernen, dass ein teures Produkt aus der Werbung nicht unbedingt besser als ein billigeres sein muss. Dazu bietet sich folgende Übung an:
Während das erste Kind die Augen schließt, holt das zweite zwei unterschiedlich teure Flaschen mit Apfelsaft. Zum Tasten erhält das erste Kind nacheinander die Flaschen. Glaubt das Kind die teure Flasche zu erkennen, dann hebt es die Hand. Dabei lässt das Kind aber die Augen geschlossen. In der zweiten Runde riecht es an den offenen Flaschen und soll dadurch das teure Getränk erkennen. In der dritten Runde bekommt es jeweils einen Schluck Apfelsaft zum Probieren. Erst in der vierten Runde öffnet das Kind seine Augen und schaut sich die Flaschen genau an. Jetzt besteht die Aufgabe darin, den teuren Apfelsaft aufgrund der Aufmachung der Flaschen zu erkennen. Das zweite Kind teilt das Ergebnis der verdeckten Tests mit. In einer weiteren Runde tauschen die Kinder ihre Rollen.

Überlegt einkaufen

Material: verschiedene Lebensmittel, Zettel, Stifte und etwas Geld zum Einkaufen
Alter: ab 8 Jahren

Die Kinder erhalten drei bis vier Lebensmittel mit Preisschild. Danach bilden sie verschiedene Kleingruppen,die die Aufgabe haben, innerhalb einer Woche ein gleichwertiges, aber preiswerteres Lebensmittel in einem Laden zu finden. Auf einen Zettel wird zunächst der Name und der Preis des Ausgangsproduktes geschrieben. Hat die Gruppe dasselbe oder ein vergleichbares Produkt in einem Laden für weniger Geld entdeckt, kauft sie es und schreibt den Namen des Ladens auf. Sobald alle Guppen ihre Aufgabe bewältigt haben, vergleichen die Kinder die Produkte miteinander und überlegen, ob tatsächlich das teurere immer das bessere ist.

Variante: Es werden zum Beispiel Spaghetti und Tomatensoße als Vergleichsprodukte gewählt. Zum Vergleich gibt es dann Spaghetti mit Tomatensoße in den verschiedenen Preiskategorien.

Kinder kochen für Kinder

Material: Geld, Einkaufszettel, Kochbuch, Einkaufskorb, verschiedene Lebensmittel
Alter: ab 9 Jahren

Eine kleine Gruppe bekommt einen festgelegten Geldbetrag zur Verfügung gestellt. Die Kinder suchen sich entsprechend ihrem Budget ein Gericht aus einem Kochbuch heraus, das sie für ihre Klassenkameraden kochen wollen. Anschließend schreiben sie die benötigten Zutaten aus dem Kochbuch heraus und kaufen sie selbständig ein. Dann wird das Essen für die Klasse zubereitet.

Variante: Eine Kleingruppe bereitet ein Frühstücksbuffet für die Klasse vor.

Anhang

Überlegungen für ein Elterngespräch

Vorbereitungen auf das Treffen

Nachdem ein geringes Selbstwertgefühl und soziale Verhalten bei einem Kind über einen längeren Zeitraum beobachtet und detailliert protokolliert werden konnte (vgl. auch S. 7 f.), sollte ein fachlicher Informationsaustausch im Team erfolgen. Dabei kann die eigene Einschätzung der Motive für die Verhaltensweisen des Kindes überprüft werden. Voraussetzung hierfür ist aber, dass die konkreten Fallbeispiele nicht nach außen getragen werden. Können die Teammitglieder die auffälligen Verhaltensweisen des Kindes nicht einschätzen, dann sollten Rat und Hilfe der Kindergartenfachberaterin, beziehungsweise des Schulrektors eingeholt werden. Darüber hinaus bieten auch Erziehungs- und Familienberatungsstellen ihre fachliche Unterstützung für Fallbesprechungen an.
Wurden die Probleme, welche das Kind nicht alleine bewältigen kann, ausführlich besprochen, dann sollte mit den Eltern des Kindes ein Gesprächstermin vereinbart werden. Bei der Vorbereitung des Elterngesprächs bietet sich der folgende Fragenkatalog an, der jederzeit ergänzt und erweitert werden kann:

- Welche wesentlichen Ziele beinhaltet das Elterngespräch?
- Können beide Eltern am Gespräch teilnehmen?
- Haben beide Eltern das Sorgerecht? Wenn ja, dann müssen auch beide informiert werden!
- Welche Uhrzeit und welcher Ort sind für alle Beteiligten (auch für mich persönlich) geeignet?
- Wieviel Zeit wird voraussichtlich für das Gespräch benötigt?
- Wie sieht der Gesprächsrahmen aus?

Sie sollten das Gespräch nicht im Beisein des Kindes führen und auch nicht hinter dem Schreibtisch sitzen. Um eine gute Atmosphäre herzustellen, sollte den Eltern nach Möglichkeit eine Tasse Tee oder Kaffee angeboten werden.

Methodische Überlegungen für den Gesprächsverlauf

Ziel eines Einzelgesprächs mit den Eltern sollte sein, dass Schwierigkeiten des Kindes gemeinsam wahrgenommen und besser verstanden werden. Gemeinsam sollte nach Lösungsmöglichkeiten zur Bewältigung der aufgetauchten Probleme gesucht werden. Damit Eltern sich mit den Problemen ihres Kindes ernst genommen fühlen, muss für eine gute Gesprächsführung folgendes beachtet werden:

- Sichern Sie den Eltern ihre Diskretion zu.
- Machen Sie sich auf keinen Fall Notizen während des Gesprächs.
- Beginnen Sie das Gespräch immer mit einer positiven Bemerkung über die Fähigkeiten des Kindes.
- Vermeiden Sie „Fachchinesisch" und gehen Sie in Ihrer Wortwahl und den Beispielen auf die Möglichkeiten ihrer Gegenüber ein.
- Organisieren Sie mit Einverständnis der Eltern, die wenig deutsch verstehen, einen „neutralen" Übersetzer.
- Vermitteln Sie unerwünschte Verhaltensweisen des Kindes möglichst wertfrei.
- Hören Sie gut zu, bevor Sie antworten.
- Vermeiden Sie unbedingt Schuldzuweisungen und Überheblichkeit.
- Machen sich die Eltern gegenseitig Vorwürfe, dann machen Sie in ruhigem Ton auf das Verhalten aufmerksam. Geben Sie den Eltern freundlich zu verstehen, dass persönliche Angriffe dem Kind nicht weiterhelfen.
- Ergreifen Sie keine Partei für ein Elternteil.
- Nehmen Sie die Betroffenheit und die Ängste der Eltern ernst.
- Vermitteln Sie den Eltern das Gefühl, dass es Ihnen immer um das Kind geht.
- Zeigen Sie Verständnis für die Lebens- und Familiensituation des Kindes.
- Suchen Sie gemeinsam mit den Eltern nach unterstützenden Maßnahmen.
- Machen Sie sich immer bewusst, dass Sie nur in begrenztem Maße helfen können.
- Verweisen Sie gegebenenfalls auch auf entsprechende Beratungsstellen.
- Machen Sie den Eltern Mut, dass ihre Probleme bewältigt werden können; vielleicht erzählen Sie ihnen (ohne Namen zu nennen!) einen anderen Fall, bei dem die Situation gut ausgegangen ist.
- Treffen Sie gemeinsame Vereinbarungen für den Alltag des Kindes.
- Vereinbaren Sie einen zweiten Gesprächstermin, bei dem Sie gemeinsam

die Fortschritte des Kindes bewerten und gegebenenfalls nach weiteren Lösungsmöglichkeiten suchen können.

In allen Elterngesprächen sollten Sie auch immer darauf achten, dass Sie sich von den Problemen der Familie nicht überfordern lassen. Spüren Sie, dass es Ihnen zu viel wird, dann sollten Sie den Eltern offen mitteilen, dass Sie momentan leider nicht weiterhelfen können. Dabei können Sie die Eltern auch auf eine entsprechende Beratungsstelle hinweisen. Überprüfen Sie ihre eigene Gefühle aufmerksam und überlegen Sie, ob Sie unvoreingenommen das Gespräch mit den Eltern (weiter-) führen können. So können beispielsweise Konflikte aus Ihrer eigenen Kindheit im Umgang mit diesem Kind nur dann hilfreich sein, wenn sie konstruktiv verarbeitet werden konnten.

Woran erkennt man den Erfolg eines Elterngesprächs?

Das Einzelgespräch mit den Eltern kann als erfolgreich gesehen werden, wenn
- sich Eltern mit den Problemen ihres Kindes verstanden fühlen,
- die Eltern zur Mitarbeit bereit sind,
- die Eltern offen über die Probleme ihres Kindes reden,
- wichtige Informationen über die Lebens- und Familiensituation den Fachkräften weitergegeben werden,
- Schwierigkeiten des Kindes auch als Chance erkannt werden,
- Eltern daran glauben, dass Probleme bewältigt werden können,
- Vereinbarungen eingehalten werden,
- Interesse an vorgeschlagenen Maßnahmen und weiteren Gesprächen besteht.

Schließlich müssen sich ErzieherInnen und LehrerInnen immer darüber bewusst sein, dass sie keine therapeutische Hilfen anbieten können. Sie können mit ihrer Fachlichkeit in Problemen zwischen Kindern und Eltern vermitteln, vor allem aber bei Schwierigkeiten des Kindes mit der Einrichtung vieles bewirken, sollten aber immer ihre Grenzen bedenken und eher früher als zu spät Unterstützung bei therapeutischen Fachkräften suchen, beziehungsweise den Eltern entsprechende Kontakte vermitteln.

Literatur

Fachbücher

Baum, Heike: Kleine Kinder – große Gefühle. Kinder entdecken spielerisch ihre Emotionen, Freiburg 1998

Baum, Heike: Starke Kinder haben's leichter. Spielerisch das Vertrauen in die eigene Kraft stärken, Freiburg 1998

Braun, Gisela: Ich sag NEIN! Arbeitsmaterialien gegen den sexuellen Mißbrauch an Mädchen und Jungen, Mühlheim a. d. Ruhr (überarb. Neuauflage) 1999

Caiati, Maria: Vertrauen lernen. Erfahrungen und Forderungen für den Alltag im Kindergarten, München 1999

Hillenberg, Lucie und Fries, Brigitte: Starke Kinder – zu stark für Drogen. Handbuch zur praktischen Suchtvorbeugung, München 1998

Kaiser, Thomas: Das Wut-weg-Buch. Spiele, Traumreisen, Entspannung gegen Wut und Aggression, Freiburg 1999

Rogge, Jan-Uwe: Ängste machen Kinder stark, Reinbek 1999 (rororo Nr. 60640)

Seyffert, Sabine: Kleine Mädchen – Starke Mädchen. Spiele und Fantasiereisen, die mutig und selbstbewusst machen, München (2. Aufl.) 1998

Schmid, Markus: Keine Angst mehr. Wie Kinder kleine und große Ängste besiegen, Freiburg 1999

Schneller, Peter und Klaus W. Hoffmann: Straßen-, Hof- und Gartenfeste. Planung, Organisation und Gestaltung kindgerechter Spielfeste. Ein Handbuch, Münster (Ökotopia Verlag) 2000

Solter, Aletha J.: Wüten, toben und traurig sein. Starke Gefühle bei Kindern, München (5. Aufl.) 1998

Walter, Gisela: Ich. Kinder werden selbstbewusst und tolerant, Freiburg (2. Aufl.) 1997

Walter, Gisela: Ich und die anderen. Kinder werden selbstbewusst und tolerant, Freiburg 1999

Walter, Gisela: Ich und meine Freunde. Kinder werden selbstbewusst und tolerant, Freiburg 1998

Bilderbücher und Erstlesebücher für Kinder

Aliki: Gefühle sind wie Farben, Beltz

Bolliger, Max (Text): Der Hase mit den himmelblauen Ohren, Nord-Süd Verlag

Breitmeier, Ilonka: Von Krokodilen und ganz anderen Ungeheuerlichkeiten. Ermutigende und hilfreiche Geschichten für Kinder ab 4 Jahren gegen Ängste und Stress, Ökotopia Verlag

Damjan, Mischa (Text): Der Clown sagte nein, Nord-Süd Verlag

De Beer, Hans: Der kleine Eisbär und der Angsthase, Nord-Süd Verlag

De Bode, Ann und Broere, Rien: Tom braucht neue Freunde, Ein Ellermann Mutmach-Buch

Keyserlingk, Linde v.: Geschichten für die Kinderseele, Geschichten vom Mutmachen und Trostspenden zum Staunen und Lachen, Verlag Herder

Kreul, Holde (Text): Das kann ich! Von Mut und Selbstvertrauen, Loewe

Kreul, Holde (Text): Ich und meine Gefühle, Loewe

Mai, Manfred: Mutmach-Geschichten, Ravensburger

Moost, Nele (Text): Macht ja nix! oder: Das kann jedem mal passieren, Esslinger

Ostheeren, Ingrid (Text): Martin hat keine Angst mehr, Vom Angsthaben und Angstüberwinden, Nord-Süd Verlag

Paloma und Wensell Ulises: Hab keine Angst, kleiner Moritz!, Ravensburger

Pfister, Marcus: Hoppel weiß sich zu helfen, Nord-Süd Verlag

Reider, Katja (Text): Vom Glück ein dickes Schwein zu sein..., Nord-Süd Verlag

Rübel, Doris und Moost, Nele: Timotarzan traut sich was!, Ravensburger

Schär, Brigitte (Text): Die blinde Fee, Nord-Süd Verlag

Velthuijs, Max: Frosch ist mutig, Lentz

Wendt, Christine: Nur Mut, Wolli oder: „Toll, wenn man neue Freunde findet", Schwager & Steinlein

Die Autorin

Andrea Erkert, geb. 1967, ist Erzieherin, Entspannungspädagogin und als Fachlehrerin einer Grundschulförderklasse in der Nähe von Stuttgart tätig. Dozentin in der ErzieherInnen- und LehrerInnenfortbildung.

Bisher sieben Bücher. Bei Ökotopia: Inseln der Entspannung, Ökotopia Verlag, Münster 4. Auflage 2001

Kontaktadresse für Fortbildung:
Andrea Erkert
Gottlieb-Daimler-Straße 2
71522 Backnang

Für nähere Informationen bitte 3,– DM in Briefmarken.

Die Illustratorin

Vanessa Paulzen, Jahrgang 1970, Studium Kommunikationsdesign an der Universität Essen mit Schwerpunkt Grafik / Illustration. 1995 einjähriges Stipendium an der Ecole Superiore d'Art Graphique in Paris. Illustrationen u.a. für die bei Ökotopia erschienenen Bücher „Zhong guo ... ab durch die Mitte", „iftah ya simsim" und „Markt, Musik und Mummenschanz". Vanessa Paulzen wohnt in Düsseldorf und ist neben ihrer Arbeit als Grafikerin auch als freie Künstlerin tätig.

Register

Alle Übungen und Spiele

Kinder spielen Geschichte

Floerke + Schön

Markt, Musik und Mummenschanz

Stadtleben im Mittelalter

Das Mitmach-Buch zum Tanzen, Singen, Spielen, Schmökern, Basteln & Kochen

ISBN (Buch): 3-931902-43-9
ISBN (CD): 3-931902-44-7

G. + F. Baumann

ALEA IACTA EST

Kinder spielen Römer

ISBN: 3-931902-24-2

Jörg Sommer

OXMOX OX MOLLOX

Kinder spielen Indianer

ISBN: 3-925169-43-1

Bernhard Schön

Wild und verwegen übers Meer

Kinder spielen Seefahrer und Piraten

ISBN (Buch): 3-931902-05-6
ISBN (CD): 3-931902-08-0

Im KIGA, Hort, Grundschule, Orientierungsstufe, offene Kindergruppen, bei Festen und Spielnachmittagen

Auf den Spuren fremder Kulturen

Die erfolgreiche Reihe aus dem Ökotopia Verlag

H.E.Höfele, S. Steffe

Der wilde Wilde Westen

Kinder spielen Abenteurer und Pioniere

ISBN (Buch): 3-931902-35-8

Wilde Westernlieder und Geschichten

ISBN (CD): 3-931902-36-6

P. Budde, J. Kronfli

Karneval der Kulturen

Lateinamerika in Spielen, Liedern, Tänzen und Festen für Kinder

ISBN (Buch): 3-931902-79-X
ISBN (CD): 3-931902-78-1

Sybille Günther

iftah ya simsim

Spielend den Orient entdecken

ISBN (Buch): 3-931902-46-3
ISBN (CD): 3-931902-47-1

WELTMUSIK FÜR KINDER

Kinderweltmusik im Internet

www.weltmusik-fuer-kinder.de

H.E. Höfele, S. Steffe

In 80 Tönen um die Welt

Eine musikalisch-multikulturelle Erlebnisreise für Kinder mit Liedern, Tänzen, Spielen, Basteleien und Geschichten

ISBN (Buch): 3-931902-61-7
ISBN (CD): 3-931902-62-5

Gudrun Schreiber, Chen Xuan

Zhong guo ...ab durch die Mitte

Spielend China entdecken

ISBN: 3-931902-39-0

D. Both, B. Bingel

Was glaubst du denn?

Eine spielerische Erlebnisreise für Kinder durch die Welt der Religionen

ISBN: 3-931902-57-9

M. Rosenbaum, A. Lührmann-Sellmeyer

PRIWJET ROSSIJA

Spielend Rußland entdecken

ISBN: 3-931902-33-1

G. Schreiber, P. Heilmann

Karibuni Watoto

Spielend Afrika entdecken

ISBN (Buch): 3-931902-11-0
ISBN (CD): 3-931902-12-9

Miriam Schultze

Sag mir, wo der Pfeffer wächst

Spielend fremde Völker entdecken

Eine ethnologische Erlebnisreise für Kinder

ISBN: 3-931902-15-3

Mit-Spiel-Lieder und Bücher aus dem Ökotopia Verlag

Hafenweg 26 · D-48155 Münster

Reinhold Pomaska

Gitarrenschule und Kinderlieder

An einem Abend Gitarrenbegleitung lernen

ISBN (Buch incl. CD): 3-931902-10-2

H. E. Höfele - M. Klein

Sanfte Klänge für Eltern und Babys

Musik, Informationen und Anregungen zum Träumen und Spielen

ISBN (Buch + CD): 3-931902-37-4

M. & R. Schneider

Horizonte erweitern

Bewegen, Entspannen und Meditieren mit Jugendlichen

ISBN (Buch + CD): 3-931902-40-4

Monika Schneider

Gymnastik-Spaß für Rücken und Füße

Gymnastikgeschichten und Spiele mit Musik für Kinder ab 5 Jahren

ISBN (Buch incl. CD): 3-931902-03-X
ISBN (Buch incl. MC): 3-931902-04-8

W. Hering

AQUAKA DELLA OMA

88 alte und neue Klatsch- und Klanggeschichten

ISBN (Buch): 3-931902-30-7
ISBN (CD): 3-931902-31-5

Wolfgang Hering

Kinderleichte Kanons

Zum Singen, Spielen, Sprechen und Bewegen

ISBN (Buch incl. CD): 3-925169-90-3
ISBN (nur Buch): 3-925169-91-1
ISBN (MC): 3-925169-92-X

Gisela Mühlenberg

Budenzauber

Spiellieder und Bewegungsspiele für große und kleine Leute

ISBN: 3-925169-41-5
dazu **MusiCassette ISBN:** 3-925169-63-6

Sabine Hirler

Kinder brauchen Musik, Spiel und Tanz

Bewegt-musikalische Spiele, Lieder und Spielgeschichten für Kinder

ISBN (Buch): 3-931902-28-5
ISBN (CD): 3-931902-29-3

Volker Friebel, Marianne Kunz

Meditative Tänze mit Kindern

In ruhigen und bewegten Tänzen durch den Wandel der Jahreszeiten

ISBN (Buch + CD): 3-931902-52-8

M. Beermann - A. Breucker

Tänze für 1001 Nacht

Geschichten, Aktionen und Gestaltungsideen für 15 Kindertänze ab 4 Jahren

ISBN (Buch incl. CD): 3-925169-82-2
ISBN (nur Buch): 3-925169-86-5
ISBN (nur MC): 3-925169-83-0

Volker Friebel

Mandalareisen mit Kindern

Naturmeditationen, Wahrnehmungsübungen, Fantasiereisen und Malvorlagen

ISBN (Buch incl. CD): 3-931902-32-3

Volker Friebel

Weiße Wolken – Stille Reise

Ruhe und Entspannung für Kinder ab 4 Jahren.
Mit vielen Geschichten, Übungen und Musik

ISBN (Buch incl. CD): 3-925169-95-4